Guido Birkner, Goran Culjak (Hrsg.)

bAV 2025/26

Liabilities, Assets, Pensions – die drei Dimensionen der Betriebsrente

dpn THINK TANK

F.A.Z. BUSINESS MEDIA
Ein Unternehmen der F.A.Z.-Gruppe

bAV 2025/26

Liabilities, Assets, Pensions – die drei Dimensionen der Betriebsrente

Herausgeber und Verlag
F.A.Z. BUSINESS MEDIA GmbH
Pariser Straße 1
60486 Frankfurt am Main

Herausgeber und Redaktion
Dr. Guido Birkner, Goran Culjak

Gestaltung
F.A.Z. BUSINESS MEDIA GmbH

Layout und Satz
Angela Kottke

Druck und Verarbeitung
Beltz Grafische Betriebe GmbH
Am Fliegerhorst 8
99947 Bad Langensalza

Titelfoto
Alexander Limbach – stock.adobe.com

Printed in Germany
August 2025

ISBN: 978-3-96251-248-4

Vorwort

Das Jahr 2025 kann für die betriebliche Altersversorgung (bAV) noch ein glimpfliches Ende nehmen – wenn die schwarz-rote Bundesregierung das liegengebliebene Betriebsrentenstärkungsgesetz II doch noch in Kraft treten lässt. Ansonsten hat sich davor regulatorisch wenig bewegt, abgesehen von der Einführung einer bundesweiten Infrastrukturquote am 6. Februar 2025. Sie erlaubt regulierten Investoren, bis zu 5 Prozent ihres Sicherungsvermögens gesondert in Infrastrukturprojekte zu investieren. Dabei nimmt der Druck auf den Gesetzgeber, die Sozialsysteme zukunftsfähig zu machen, und auf die Menschen, kapitalgedeckt für den Lebensabend vorzusorgen, weiter. Ebenso sind die Arbeitgeber aufgefordert, die Vorsorgeaktivitäten ihrer Beschäftigten zu unterstützen. Allerdings ist das angesichts der aktuellen wirtschaftlichen und strukturellen Schwierigkeiten großer Branchen wie der Automobilindustrie, der Bauwirtschaft und des Maschinenbaus leichter gesagt als getan.

Trotzdem führt für die Menschen kein Weg an zusätzlicher kapitalgedeckter Vorsorge vorbei, wenn sie ihren Lebensstandard im Alter annähernd auf dem früheren Niveau halten wollen. Und jenseits aller globalen Unsicherheiten und aller Volatilität finden sich weiterhin verantwortungsvolle und engagierte Arbeitgeber, die ihre Beschäftigten langfristig halten wollen und ihnen deshalb gute Betriebsrentenangebote machen. Dabei werden die einzelnen bAV-Lösungen immer individueller auf den Bedarf des einzelnen Geschäftskunden zugeschnitten. Das umfasst sowohl die Gestaltung der Vergangenheit, also frühere Leistungszusagen, als auch die Zukunft, also neue Beitragszusagen. Zugleich zeigen auch die Lösungen, die die Autorenteams in diesem Buch vorstellen, in welcher Breite an Modellen sich das Planangebot inzwischen diversifizieren lässt.

Das Buch „bAV 2025/26. Liabilities, Assets, Pensions – die drei Dimensionen der Betriebsrente" setzt sich in acht Beiträgen mit der Verknüpfung von Zusagen, Kapitalanlage und Rentenleistungen auseinander. Ein bAV-Modell kann nur dann langfristigen Erfolg zeitigen, wenn sich die drei Dimensionen und ihr Zusammenspiel in verschiedensten Szenarien bewähren. Diesen Zusammenhang beschreibt Alexander

Zanker anhand des beitragsorientierten Modells der wertpapiergebundenen Direktzusage. Deren Versprechen: Sie verbindet finanzielle Planbarkeit auf Unternehmensseite mit Renditechancen für die Mitarbeitenden. Wolfgang Murmann und Maximilian Franke setzen sich mit OCIO, also dem Outsourced Chief Investment Officer, auseinander. Auch wenn OCIO nicht für jeden Investor eine Option ist, wächst der Anwenderkreis in Deutschland aufgrund der demographischen Veränderungen und des Transformationsprozesses der Wirtschaft.

Eberhard Glöckner, Vincent Ehlers und Christian Naß gehen in ihrem Beitrag auf die Bilanzoptimierung durch Unternehmensanleihen und Derivatestrategien in der bAV ein. Angesichts der Schwankungen in den Zins- und Inflationsraten am Kapitalmarkt und der Folgen für die Bewertung der ausstehenden Pensionsverbindlichkeiten empfehlen sie den Einsatz von Unternehmensanleihen, die durch ihren höheren Ertrag die Kapitalunterlegung reduzieren. Thomas Nitschke und Christoph von Scheurl schreiben über Strategiewechsel in der bAV und die Konsequenzen für die Kapitalanlage zwischen Zinswende, Geopolitik und Regulierung.

Hanne Borst und Nikolaus Schmidt-Narischkin holen in ihrem Beitrag weiter aus und schildern die aktuelle Situation der gesetzlichen Rentenversicherung, um dann auf die Bedeutung der bAV für die Absicherung des Lebensstandards im Alter einzugehen. Schließlich ziehen Michael Christner, Tilo Kraus und Christian Petersmann Bilanz für die Rentnergesellschaft als Buy-out nach fast zehn Jahren auf dem deutschen Markt. Daran knüpft Christopher Fischer mit einer Darstellung der rechtlichen Voraussetzungen für die Rentnergesellschaft als De-Risking-Option für geschlossene Pensionspläne an.

Einen klaren Blick und kluge Entscheidungen wünschen

die Herausgeber

Inhaltsverzeichnis

Mit bAV gegen den Fachkräftemangel und Vorsorgelücken

Ein Überblick über die Studie „Betriebliche Altersversorgung im Mittelstand 2024" von F.A.Z. BUSINESS MEDIA und Generali Deutschland zur Vorsorge und Personalplanung

Von Björn Feigl, Dr. Guido Birkner und Goran Culjak

Die Studie „Betriebliche Altersversorgung im Mittelstand 2024" dokumentiert die Ergebnisse der Expertenbefragung, die die Marktforschungsgesellschaft forsa vom 27. Mai bis 12. Juni 2024 durchgeführt hat. Generali Deutschland und und F.A.Z. BUSINESS MEDIA veröffentlichen die Untersuchung wieder gemeinsam. Befragt wurden insgesamt 200 Personalverantwortliche mit der Zuständigkeit für die betriebliche Altersversorgung (bAV) aus deutschen mittelständischen Unternehmen mit 50 bis 500 Mitarbeitern. Die Interviewpartner gaben in den Interviews Auskunft darüber, welche aktuellen Trends sie in der bAV, im Markt und bei ihren Belegschaften sehen. Auch berichten sie über die Nachfrage ihrer Beschäftigten nach bAV-Angeboten. forsa führte die Erhebung in Form computergestützter Telefoninterviews anhand eines strukturierten Fragebogens nach der Methode des Computer Aided Telephone Interviewing (CATI) durch. Die Ermittlung der Befragten erfolgte im Rahmen einer systematischen Zufallsauswahl.

Betriebsrenten gehören neben regelmäßiger Weiterbildung zu den HR-Tools, die der Mittelstand am häufigsten einsetzt.

Die verschiedenen Modelle der bAV entfalten im Mittelstand ihre positive Wirkung – einerseits für die Beschäftigten als Instrument für die zusätzliche kapitalgedeckte Altersvorsorge, andererseits für die Arbeitgeber als wirkungsvolles HR-Instrument, das ihnen dabei hilft, junge Talente zu gewinnen und Beschäftigte im Bestand langfristig im Unternehmen zu halten. Jeder zweite befragte Entscheider im Mittelstand vertritt die Ansicht, dass sich mit einem guten bAV-Angebot inklusive einer Hinterbliebenenversorgung mehr Nachwuchskräfte überzeugen und Fachkräfte an das Unternehmen binden lassen. Betriebsrenten gehören neben regelmäßiger Weiterbildung zu den HR-Tools, die der Mittelstand am häufigsten einsetzt. Immerhin acht von zehn Arbeitgebern sind mit der Bindungswirkung der bAV sehr zufrieden bzw. zufrieden. Noch attrak-

Fast neun von zehn Betrieben setzen bei der Mitarbeiterbindung auf bAV (genutzte Instrumente des eigenen Unternehmens zur langfristigen Mitarbeiterbindung; in % aller befragten bAV-Verantwortlichen[1])

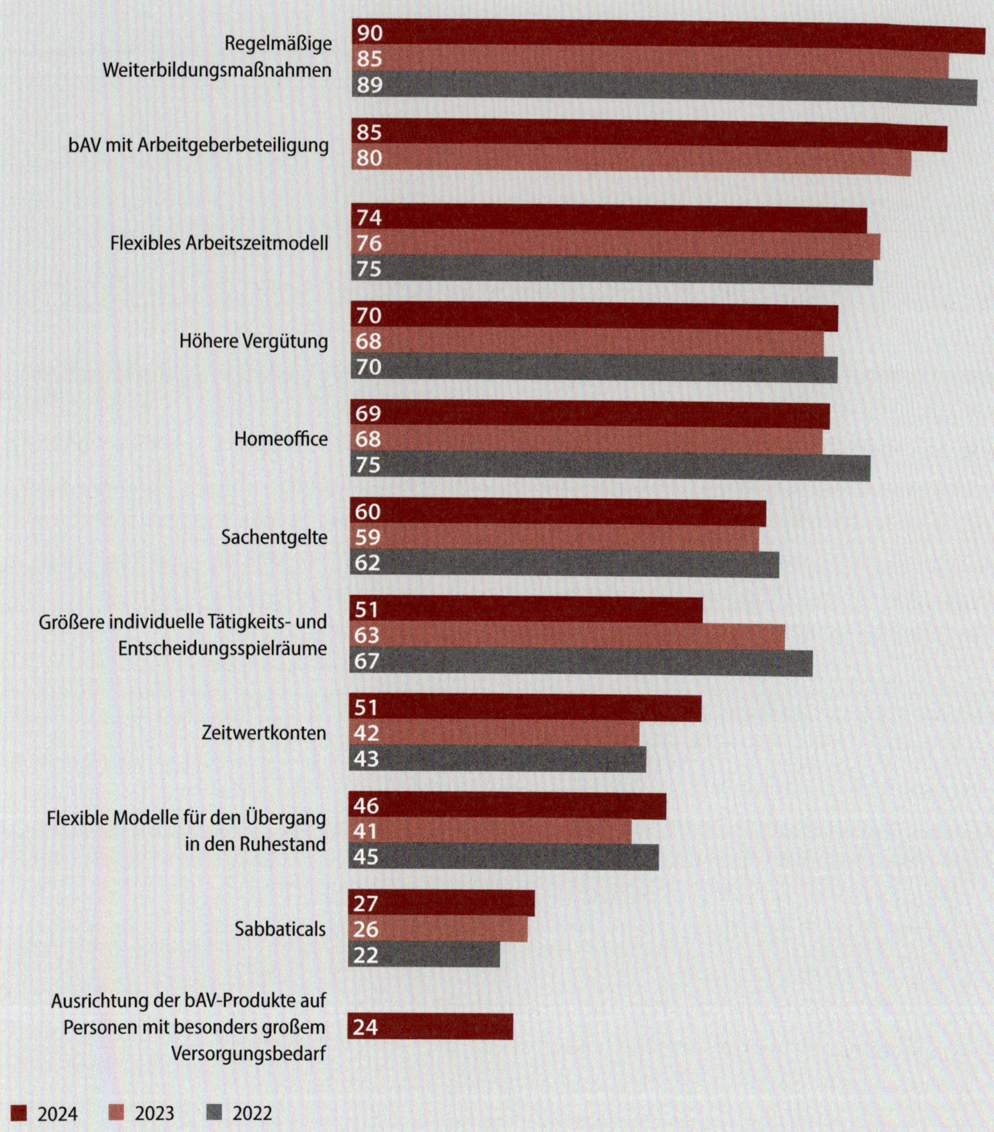

1 Mehrfachnennungen möglich.

Quelle: Generali Deutschland, F.A.Z. BUSINESS MEDIA.

tiver wirkt ein Betriebsrentenangebot, wenn der Arbeitgeber es um Zusatzkomponenten wie eine Hinterbliebenenabsicherung oder eine Berufsunfähigkeits- bzw. Invaliditätsabsicherung ergänzt.

bAV mit Arbeitgeberbeteiligung gewinnt als HR-Instrument an Relevanz

Der Evergreen der HR-Tools fand sich auch bei früheren Befragungen an erster Stelle wieder. Der Anteil der Betriebe hat sich aktuell gegenüber dem Vorjahr von 85 auf 90 Prozent erhöht. Weiterbildung ist in Betrieben aller Größen und aller Branchengruppen nahezu gleich stark verbreitet.

An zweiter Stelle der HR-Instrumente findet sich die bAV mit einer finanziellen Arbeitgeberbeteiligung (80 Prozent). Auch hier hat sich der Wert gegenüber dem Vorjahr verbessert – von 80 auf 85 Prozent. Solche Betriebsrentenmodelle sind in allen Größen und Branchengruppen stark vertreten, tendenziell öfter in größeren Betrieben und in Dienstleistungsunternehmen (jeweils 89 Prozent). In den Gesamtergebnissen schließen sich flexible Arbeitszeitmodelle (74 Prozent), höhere Vergütung (70 Prozent), Homeoffice (69 Prozent) und Sachentgelte (60 Prozent) an. Dahinter folgen größere individuelle Tätigkeits- und Entscheidungsspielräume sowie Zeitwertkonten (jeweils 51 Prozent). Fast jedes zweite Unternehmen nutzt flexible Modelle für den Übergang in den Ruhestand (46 Prozent). Sabbaticals setzt gut jeder vierte Betrieb ein (27 Prozent).

Der Mittelstand steht dem Sozialpartnermodell und der reinen Beitragszusage in seiner Mehrheit skeptisch gegenüber.

Das Sozialpartnermodell überzeugt die bAV-Experten im Mittelstand nicht

Der Mittelstand steht dem Sozialpartnermodell (SPM) und der reinen Beitragszusage (rBZ) in seiner Mehrheit skeptisch gegenüber. Mit Blick auf die Gesetzesinitiative der vergangenen Ampel-Regierung zum Betriebsrentenstärkungsgesetz II stimmen nur 38 Prozent der bAV-Entscheider der These zu, eine regulatorische Öffnung des SPM würde die Nachfrage nach der reinen Beitragszusage in mittelständischen Unternehmen deutlich steigen lassen. Somit überzeugen das SPM und die rBZ die bAV-Experten im Mittelstand nicht.

Jeder zweite bAV-Entscheider im Mittelstand glaubt, durch eine gute bAV mit Hinterbliebenenversorgung Talente halten zu können (Zustimmung zu Zukunftstrends; in % aller befragten bAV-Verantwortlichen[1])

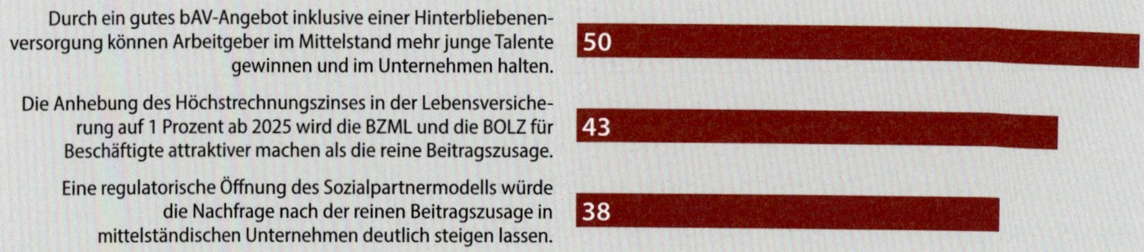

1 Mehrfachnennungen möglich.

Quelle: Generali Deutschland, F.A.Z. BUSINESS MEDIA.

Dagegen befürwortet eine Mehrheit der Befragten Garantieleistungen für bAV-Modelle, mit denen vor allem Beschäftigte mit einem besonders großen Vorsorgebedarf – zum Beispiel Geringverdiener, Teilzeitkräfte oder Berufseinsteiger – gefördert werden sollen. Auch stimmt fast jeder zweite Befragte der These zu, die Anhebung des Höchstrechnungszinses in der Lebensversicherung auf 1 Prozent ab 2025 werde die Beitragszusage mit Mindestleistung (BZML) und die beitragsorientierte Leistungszusage (BOLZ) für Beschäftigte attraktiver machen als die rBZ.

Personen mit einem sehr großen Vorsorgebedarf benötigen passende Betriebsrentenangebote

Der Mittelstand hat erheblichen Nachholbedarf bei bAV-Modellen, die auf Personen zugeschnitten sind, die einen besonders hohen Altersvorsorgebedarf haben. Dazu zählen unter anderem Teilzeitbeschäftigte, Berufseinsteiger und Geringverdiener. Ein Teil der Betriebe hat mit ihren HR-Maßnahmen auch diesen Personenkreis explizit im Blick. So gibt jeder vierte befragte bAV-Experte an, dass sein Unternehmen ein entsprechendes bAV-Angebot als HR-Bindungsinstrument bereitstellt. Immerhin 72 Prozent von diesen Befragten zeigt sich mit der Wirkung des bAV-Angebots sehr zufrieden bzw. zufrieden. Auf die Frage, über welche Maßnahmen sich Personen mit einem besonders großen Bedarf an Altersvorsorge fördern lassen, nennen die Experten zuerst eine höhere steuerliche Förderung der Vorsorgeaktivitäten sowie höhere Arbeitgeberzuschüsse in der Entgeltumwandlung. Bemerkenswert ist dabei das Votum von fast zwei Dritteln der Befragten für mehr Garantieleistungen in bAV-Plänen.

Betriebe nutzen durchschnittlich mehr als sechs HR-Instrumente zur Mitarbeiterbindung

Mittlere (6,9) und größere Betriebe (6,7) nutzen im Durchschnitt die meisten HR-Instrumente zur Mitarbeiterbindung. Doch auch kleinere Betriebe sind mit sechs genutzten HR-Instrumenten im Durchschnitt aktiv. Dabei setzen die Betriebe je nach Größe individuelle Schwerpunkte. So locken 79 Prozent der größeren Firmen mit Homeoffice, aber nur 56 Prozent der kleineren Betriebe. 54 Prozent der größeren Betriebe bieten flexible Modelle für den Übergang in den Ruhestand an, jedoch lediglich 37 Prozent der kleineren Betriebe. Dafür liegen kleinere Betriebe mit mittleren und größeren Unternehmen bei höheren Vergütungen mit jeweils rund 70 Prozent gleich auf. Insgesamt setzen Industrieunternehmen mit 6,5 im Durchschnitt tendenziell mehr HR-Instrumente ein als Dienstleistungsbetriebe (6,4), um Beschäftigte zu halten. Beispielsweise ist die Industrie eher bereit als Dienstleistungsbetriebe, höhere Vergütungen zu zahlen.

Die Marktdurchdringung der bAV im Mittelstand kommt in diesem Jahr erneut kaum voran, sondern tritt auf der Stelle. Während der Anteil des

bAV wirkt als HR-Instrument in Betrieben jeder Größe (ausgewählte genutzte Instrumente des eigenen Unternehmens zur langfristigen Mitarbeiterbindung; in % aller befragten bAV-Verantwortlichen, nach Mitarbeiterzahl[1])

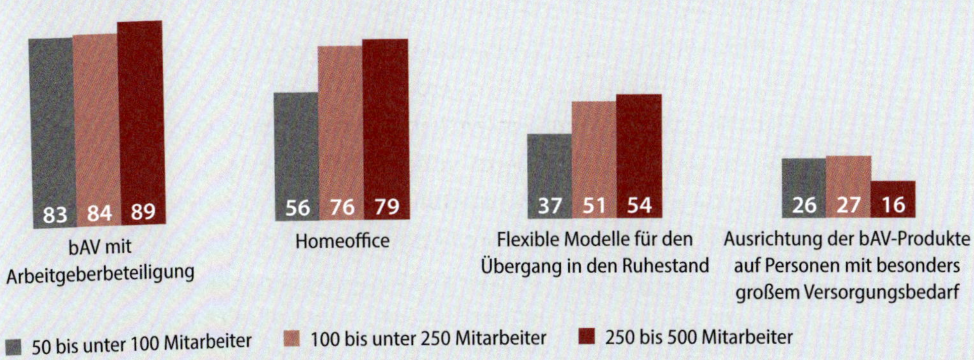

1 Mehrfachnennungen möglich.
Quelle: Generali Deutschland, F.A.Z. BUSINESS MEDIA.

Marktdurchdringung der bAV legt bei Mitarbeitern leicht zu (durchschnittliche Teilnahme an bAV in den Unternehmen; Schätzwerte in % der befragten bAV-Verantwortlichen[1])

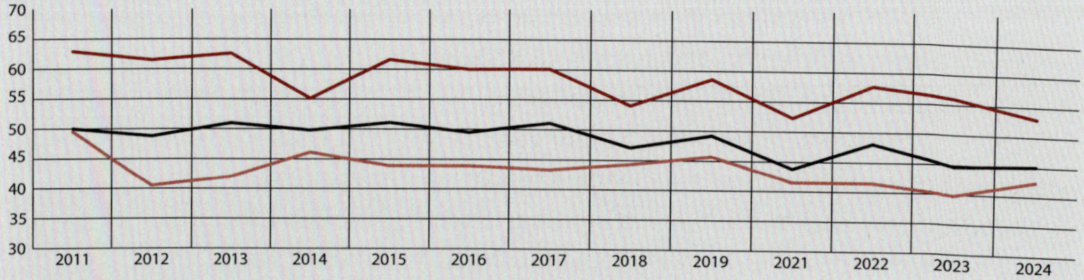

- Anteil des Topmanagements, das mindestens ein bAV-Angebot nutzt
- Anteil des mittleren Managements, das mindestens ein bAV-Angebot nutzt
- Anteil der übrigen Mitarbeiter, die mindestens ein bAV-Angebot nutzen

1 Mehrfachnennungen möglich.

Quelle: Generali Deutschland, F.A.Z. BUSINESS MEDIA.

Topmanagements, das mindestens ein bAV-Angebot nutzt, laut den Schätzungen der befragten Experten binnen Jahresfrist von 56 auf 53 Prozent zurückging, bewegt sich der entsprechende Anteil des mittleren Managements aktuell auf einem stabilisierten Niveau von 45,1 Prozent nach 44,7 Prozent im Vorjahr. Der Anteil der übrigen Mitarbeiter, die mindestens ein bAV-Angebot nutzen, beläuft sich auf 42,4 Prozent. Im vergangenen Jahr war er mit 39,8 Prozent tendenziell geringer. Für das Topmanagement sind die ermittelten 53 Prozent einer der niedrigsten Werte überhaupt in dieser Studienreihe. Größere Betriebe weisen tendenziell eine höhere Marktdurchdringung auf als kleinere – sowohl im mittleren Management als auch auf der Ebene der Mitarbeiter.

Hohe Kooperationsbereitschaft mit Versicherungswirtschaft

82 Prozent der befragten Betriebe kooperieren in der bAV mit Versicherungsunternehmen. Damit unterstreicht die Befragung die führende Stellung der Versicherungsunternehmen als bAV-Partner des Mittelstands. Auch in der Einzelauswertung nach Anzahl der Beschäftigten hat die Versicherungsbranche in allen Untergruppen deutlich die Nase vorn. In allen Segmenten geben 79 bis 84 Prozent der befragten bAV-Experten jeweils an, mit einer Versicherung zu kooperieren.

Fast jeder zweite mittelständische Betrieb kooperiert mit Versicherungsmaklern (41 Prozent). Im Detail sind das vor allem kleinere (44 Prozent) und größere Betriebe (46 Prozent). Der Anteil mittlerer Betriebe, die mit Versicherungsmaklern zusammenarbeiten, fällt geringer aus (30 Prozent). An dritter Stelle folgen Pensionskassen als Kooperationspartner mit verbesserten 37 Prozent. Nachdem sich die älteren Werte für Pensionskassen in dieser Studienreihe von Jahr zu Jahr verschlechtert haben, steigen sie aktuell erstmals wieder an (+5 Prozentpunkte gegenüber 2023). Auf den weiteren Plätzen folgen branchen- bzw. tarifvertragliche Versorgungswerke (18 Prozent), Kreditinstitute (14 Prozent), Beratungsgesellschaften (7 Prozent), sonstige Finanzdienstleister (6 Prozent), Versorgungswerke anderer Unternehmen (5 Prozent) und IT-Dienstleister (1 Prozent).

Insgesamt verzeichnen die meisten dieser Kooperationspartner tendenziell höhere Werte als im Vorjahr. Teilweise kooperieren größere Betriebe mit mehr bAV-Anbietern als kleinere und mittlere Betriebe. Am deutlichsten zeigt sich das bei den branchen- bzw. tarifvertraglichen Versorgungswerken (29 Prozent versus 10 Prozent der kleineren und 19 Prozent der mittleren Betriebe). Im Weiteren arbeiten mehr Industrieunternehmen als Dienstleister mit Versicherungen (86 Prozent versus 77 Prozent) und Versicherungsmaklern zusammen (46 Prozent versus 35 Prozent).

Versicherungen prägen die bAV im Mittelstand (Kooperationen mit bAV-Anbietern und Dienstleistern; in % der befragten bAV-Verantwortlichen[1])

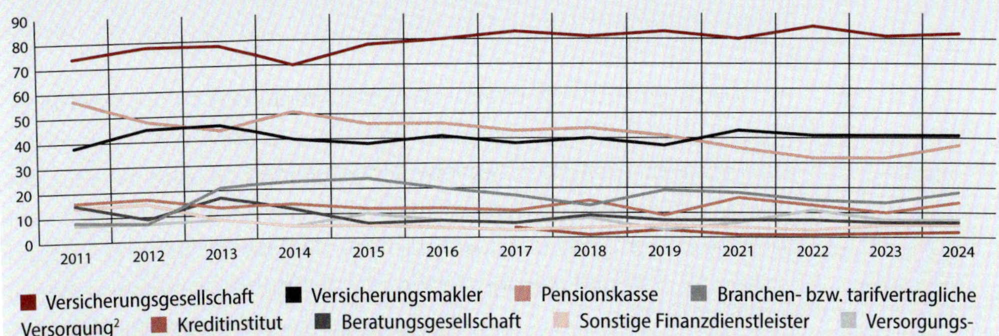

1 Mehrfachnennungen möglich.

2 In den Jahren 2011 und 2012: Berufsgenossenschaft bzw. Gewerkschaft.

Quelle: Generali Deutschland, F.A.Z. BUSINESS MEDIA.

bAV-Provider müssen Qualität in Kooperationen, Services und Produkten bieten

Eine langjährige traditionelle Kooperation (55 Prozent), überzeugende Produkte (52 Prozent) und Services (51 Prozent) sind für die meisten Betriebe ausschlaggebend bei der Wahl ihrer bAV-Anbieter und -Dienstleister. Doch so ähnlich diese Gesamtergebnisse ausfallen, so unterschiedlich sind auch die Einzelresultate für separate Gruppen. So betonen fast zwei Drittel der mittleren Betriebe, für sie sei eine langjährige traditionelle Kooperation ein wichtiges Auswahlkriterium (63 Prozent). Hingegen stimmt dem nur gut jeder zweite größere Betrieb zu (54 Prozent). Der Anteil der kleineren Betriebe beträgt 49 Prozent. Die übrigen Entscheidungskriterien sind für die Auswahl der Dienstleister nebensächlich. Für 13 Prozent ist die Bereitstellung digitaler Schnittstellen und Prozesse ein wichtiges Auswahlkriterium. Jeweils 11 Prozent der bAV-Experten verweisen auf Empfehlungen anderer Unternehmen und auf obligatorische Angebote von Branchen-, Berufs- bzw. Wirtschaftsverbänden. 10 Prozent geben freiwillige Angebote von Berufs- und Wirtschaftsverbänden bzw. Tarifparteien an. 9 Prozent der Betriebe verfügen bereits über ein eigenes Versorgungswerk. Die Detailanalyse zeigt, dass den mittleren Betrieben langjährige Kooperationen tendenziell am wichtigsten sind (63 Prozent). Bei überzeugenden Produkten liegen die Gruppen nach Mitarbeiterzahl tendenziell gleich auf. Hingegen nennen vor allen kleinere Unternehmen einen überzeugenden Service als relevantes Kriterium (64 Prozent).

Einfache Verwaltung ist gewünscht

Ein flexibler Übergang in die Rentenphase ist 82 Prozent der Befragten sehr wichtig bzw. wichtig.

Auf die Frage nach relevanten bAV-Produkteigenschaften antworten 95 Prozent der bAV-Entscheider, eine einfache Verwaltung sei sehr wichtig bzw. wichtig. Allein 79 Prozent von ihnen halten das Kriterium für sehr relevant. Weitere 92 Prozent unterstreichen die Bedeutung einer hohen Rendite (davon 56 Prozent sehr wichtig). 92 Prozent nennen eine hohe Sicherheit der Kapitalanlage, 83 Prozent mehrere Auszahlungsoptionen. Ein flexibler Übergang in die Rentenphase ist 82 Prozent der Befragten sehr wichtig bzw. wichtig. Auch ein variables Beitragsmodell (79 Prozent) ist für die bAV-Experten relevant. 77 Prozent von ihnen sehen in der Ausrichtung der bAV-Produkte auf Personen mit besonders großem Versorgungsbedarf ebenfalls ein relevantes Auswahlkriterium. Für 68 Prozent

Mittelstand braucht vor allem Entlastung bei der bAV-Verwaltung (Eigenschaften, die dem Unternehmen bei der Auswahl von bAV-Produkten wichtig sind; in % der befragten bAV-Verantwortlichen)

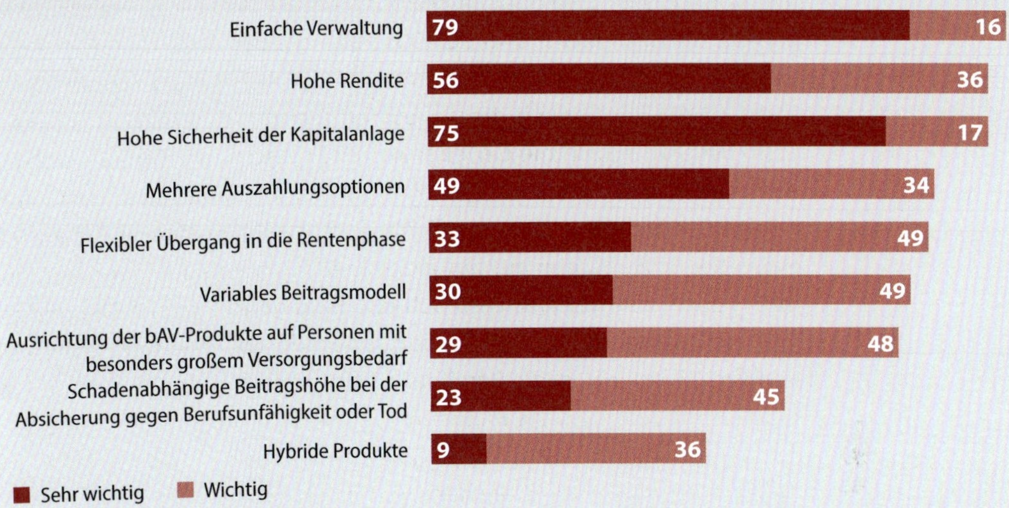

Quelle: Generali Deutschland, F.A.Z. BUSINESS MEDIA.

ist die schadenabhängige Beitragshöhe bei der Absicherung gegen Berufsunfähigkeit oder Tod ein relevantes Auswahlkriterium. Am Ende stehen hybride Produkte mit 45 Prozent der Befragten. Dabei geht es um eine gemischte Investition in unterschiedliche Anlageformen, die Betriebe bestimmen die Kapitalanlage mit.

Die Detailanalyse nach Anzahl der Mitarbeiter belegt, dass kleinere, mittlere und größere Betriebe ähnliche Schwerpunkte bei den Auswahlkriterien setzen. So erachten 87 Prozent der mittleren Betriebe einen flexiblen Übergang in die Rentenphase als sehr wichtig bzw. wichtig. Auf der Seite der größeren Betriebe sind es 84 Prozent, bei den kleineren Betrieben 75 Prozent.

Transparente Leistungen, fester Ansprechpartner und administrative Abwicklung sind gefragt

Hinsichtlich der Relevanz von Services des aktuellen bAV-Dienstleisters messen die Befragten dem Aspekt, Leistungen des bAV-Anbieters seien transparent und lassen sich prüfen, die höchste Relevanz bei (94 Prozent). Fast ebenso wichtig ist den Betrieben ein fester Ansprechpartner für das eigene Unternehmen (91 Prozent). Davon sagen 68 Prozent, ein fester Ansprechpartner sei ihnen sehr wichtig. Die komplette administrative Abwicklung durch den Anbieter halten 87 Prozent für relevant. 85 Prozent messen einer individuellen Beratung jedes Arbeitnehmers Relevanz bei. Unter den weiteren Ergebnissen folgen digitale Schnittstellen für die bAV-Administration des Arbeitgebers (77 Prozent), digitale Schnittstellen für den Arbeitnehmer (76 Prozent), ein Online-Tool zur Abwicklung und Kontrolle der bAV (73 Prozent), Schulungen und Informationen durch bAV-Anbieter digital und analog im Unternehmen (68 Prozent) und flexible Arbeitszeitmodelle (60 Prozent). Kleinere, mittlere und größere Betriebe halten Leistungstransparenz, feste Ansprechpartner und administrative Abwicklung jeweils in fast gleichem Maße für relevant. ●

Rendite ermöglichen, Risiken steuern: die wertpapiergebundene Direktzusage

Finanzielle Planbarkeit mit Renditechancen verbinden

Von Dr. Alexander Zanker

Die betriebliche Altersversorgung befindet sich im Umbruch. Klassische Leistungszusagen verlieren an Bedeutung, während beitragsorientierte Modelle – insbesondere die wertpapiergebundene Direktzusage – zunehmend in den Fokus von Unternehmen rücken. Ihr zentrales Versprechen: Sie verbindet finanzielle Planbarkeit auf Unternehmensseite mit Renditechancen für die Mitarbeitenden.

Mit der Kapitalmarktorientierung verschieben sich auch die Herausforderungen.

Doch mit dieser Kapitalmarktorientierung verschieben sich auch die Herausforderungen. Wer heute eine moderne bAV gestalten will, steht vor einem komplexen Spannungsfeld: Wie lassen sich attraktive Versorgungsperspektiven schaffen, ohne bilanzielle Risiken aus dem Ruder laufen zu lassen? Wie gelingt der Spagat zwischen Mitarbeitendeninteresse, Bilanzneutralität und steuerbarer Kapitalanlage?

Ein Großteil der heutigen beitragsorientierten Leistungszusagen (boLZ) wird als wertpapiergebundene Direktzusage umgesetzt: Der Arbeitgeber investiert die Beiträge am Kapitalmarkt – typischerweise in Aktien oder Anleihen – und die spätere Leistung richtet sich nach der Wertentwicklung.

Für Unternehmen bieten sich dabei echte Gestaltungsspielräume: Die wertpapiergebundene Direktzusage erlaubt eine marktnahe Kapitalanlage und eröffnet gleichzeitig Chancen zur Bilanzsteuerung – insbesondere bei richtiger Kombination von Garantieniveau und Kapitalanlage. Richtig umgesetzt bietet sie das Potenzial, sowohl aus Arbeitgebersicht effizient als auch aus Sicht der Mitarbeitenden attraktiv zu sein. Ziel dieses Beitrags ist es, die zentralen Erfolgsfaktoren dieser Zusageform aus Sicht des Unternehmens, seiner Mitarbeitenden sowie HR herauszuarbeiten und aufzuzeigen, wie sich Sicherheit und Attraktivität in ein ausgewogenes Verhältnis bringen lassen.

Rechtlicher Rahmen und Struktur einer wertpapiergebundenen Direktzusage

Die wertpapiergebundene Versorgungszusage bietet den rechtlichen Rahmen für eine ausgewogene Zusage. Sie ist eine besondere Form der Direktzusage (§ 1 Abs. 1 BetrAVG). Ihr Kernelement: Die Höhe der späteren Versorgungsleistung ergibt sich im Wesentlichen aus dem Zeitwert einer Kapitalanlage, in die der Arbeitgeber regelmäßig einzahlt. Trotz der inhaltlichen Nähe zur reinen Beitragszusage liegt formal eine beitragsorientierte Leistungszusage (boLZ) vor. Denn das Betriebsrentengesetz erlaubt eine reine Beitragszusage ausschließlich im Rahmen des Sozialpartnermodells. Deshalb erfordert die wertpapiergebundene Zusage immer eine garantierte Mindestleistung – typischerweise in Form eines vollständigen oder teilweisen Beitragserhalts.

Die Kombination aus Garantie, wertpapiergebundener Kapitalanlage und gezielter bilanzieller Strukturierung ermöglicht eine weitgehend bilanzneutrale Umsetzung.

Bilanzrechtlich eröffnet § 253 Abs. 1 Satz 3 HGB die Möglichkeit zur Bilanzneutralität: Die Rückstellung für die Pensionsverpflichtung richtet sich ausschließlich nach dem beizulegenden Zeitwert der zugrunde liegenden Wertpapiere, sofern dieser über der zugesagten Mindestgarantie liegt. Werden die Kapitalanlagen verpfändet oder über ein Contractual Trust Arrangement (CTA) gesichert, gelten sie als Deckungsvermögen (§ 246 Abs. 2 Satz 2 HGB) und dürfen mit den Verpflichtungen saldiert werden. Bei ausreichender Deckung müssen damit de facto keine Rückstellungen in der Bilanz ausgewiesen werden. Unter IFRS (IAS 19) ist die Logik vergleichbar.

Für die Unternehmenspraxis bedeutet das: Die Kombination aus Garantie, wertpapiergebundener Kapitalanlage und gezielter bilanzieller Strukturierung ermöglicht eine weitgehend bilanzneutrale Umsetzung – ohne die Attraktivität für Mitarbeitende zu verlieren.

Kapitalanlagestrategien in der wertpapiergebundenen Direktzusage: Schlüssel zur Attraktivität

Aus Sicht der Mitarbeitenden ist bei langem Anlagehorizont und einer positiven Equity Premium ein 100-%-Aktienpfad kaum zu schlagen (Brandes/UCSD-Paper 2024). Studien zeigen, dass bei konservativen Vorsorgeplänen bis zu über 60 % höhere Beiträge nötig wären, um vergleichbare Leistungen zu erzielen (Cederburg et al. 2024).

Seit den 1950er-Jahren haben globale Aktienmärkte 7 % bis 8 % p. a. erwirtschaftet[1] – getragen von Produktivitätswachstum, technologischem Fortschritt und wirtschaftlicher Teilhabe. Trotz zwischenzeitlicher Krisen wie der Dotcom-Blase oder der Finanzkrise blieb die langfristige Renditestärke erhalten. Gerade bei einem Anlagezeitraum von 20 bis 40 Jahren – wie in der bAV üblich – boten Aktien eine inflationsgeschützte, realwertorientierte Lösung.

Doch hier beginnt auch ein Zielkonflikt: Je höher der Aktienanteil, desto größer die Volatilität – und desto höher das Risiko von Nachschüssen bei Unterschreitung der Garantieniveaus. Unternehmen müssen deshalb entscheiden, wie viel Volatilität sie bereit sind zu tragen – und wie sie gleichzeitig die berechtigten Renditeerwartungen ihrer Mitarbeitenden erfüllen können.

Risikoorientierung und Anreizstruktur der Arbeitgeber: Warum viele Kapitalanlagen defensiv bleiben

In der Praxis liegt die Aktienquote bei wertpapiergebundenen Direktzusagen meist zwischen 30 % und 50 %, der Rest entfällt auf Anleihen. Treiber dieser defensiven Ausrichtung ist oft die verankerte Mindestgarantie: Arbeitgeber sichern die Beiträge ganz oder teilweise – häufig mit einem Garantiezins von 0 % oder 1 %. Fällt der Kapitalanlagewert unter dieses Niveau, drohen (bilanzielle) Nachschussverpflichtungen. Aus Sorge vor diesen Risiken reduzieren viele Unternehmen die Aktienquote – zulasten langfristiger Renditechancen.

In der Praxis liegt die Aktienquote bei wertpapiergebundenen Direktzusagen meist zwischen 30 % und 50 %.

Grund dafür ist eine asymmetrische Risikoverteilung: Mitarbeitende profitieren uneingeschränkt von positiven Marktentwicklungen, während Verlustrisiken beim Arbeitgeber verbleiben. Das erhöht die Attraktivität für Beschäftigte, erschwert aber die Risikosteuerung und erhöht die bilanziellen Anforderungen auf Unternehmensseite.

Daraus ergibt sich eine strategische Kernfrage: Wie kann die Zusage so ausgestaltet werden, dass sie Mitarbeitenden attraktive Renditeperspektiven bietet, ohne das Unternehmensrisiko ausufern zu lassen?

1 Bitte beachten Sie: Die frühere Wertentwicklung ist kein verlässlicher Indikator für die zukünftige Wertentwicklung.

Gestaltungsfreiheit nutzen: Spielräume bei der Mindestgarantie

Ein wesentlicher Hebel zur Auflösung dieses Konflikts liegt in der Absenkung der Garantie – und damit in einer Neuausrichtung der Rendite-Risiko-Verteilung zwischen Arbeitgeber und Mitarbeitenden. Indem die Garantie reduziert wird, verlagert sich ein Teil des Kapitalanlagerisikos auf die Versorgungsberechtigten. Gleichzeitig bleibt das langfristige Renditepotenzial – insbesondere bei einer höheren Aktienquote – für den Mitarbeitenden erhalten.

Für beitragsorientierte Leistungszusagen (boLZ) schreibt das Betriebsrentengesetz keine bestimmte Garantiehöhe vor: Weder ein vollständiger Beitragserhalt noch eine garantierte Verzinsung sind vorgeschrieben. Die einzige Vorgabe lautet, dass das Anlagerisiko nicht „überwiegend" beim Arbeitnehmer liegen darf – eine unbestimmte Rechtsformulierung, die Interpretationsspielraum lässt. Vielfach gilt ein Mindestgarantiewert von 70 % noch als rechtlich vertretbar. Daraus ergibt sich ein beachtlicher Gestaltungsspielraum.

Bei einem leicht reduzierten Garantieniveau kann ein Zielkonflikt aufgelöst werden

Die Garantie beeinflusst maßgeblich das Verhältnis von Kapitalanlagestruktur, Nachschussrisiko und Versorgungsleistung.

Die Höhe der Mindestgarantie ist kein rein arbeitsrechtliches Detail – sie hat erhebliche Auswirkungen auf zentrale Steuerungsziele von Finanzabteilung, HR und Unternehmensführung. Aber auch für Mitarbeitende und die Mitarbeitendenvertretung ist die Garantie häufig sehr wichtig und emotional aufgeladen. Denn sie beeinflusst maßgeblich das Verhältnis von Kapitalanlagestruktur, Nachschussrisiko und Versorgungsleistung. Pauschale Antworten greifen zu kurz – gefragt ist ein evidenzbasiertes Vorgehen, das ökonomische Effekte transparent macht und Vertrauen bei allen Beteiligten schafft.

Bei der Deka nutzen wir dafür den Deka Strategy Navigator, ein Simulation-Tool auf Basis stochastischer Kapitalmarktmodelle. Es analysiert systematisch die Wechselwirkungen zwischen Garantiehöhe, Asset Allocation und Nachschussrisiko – und liefert so gute Entscheidungsgrundlagen für Arbeitgeber und Mitarbeitende.

Grafik 1: Nachschusswahrscheinlichkeiten

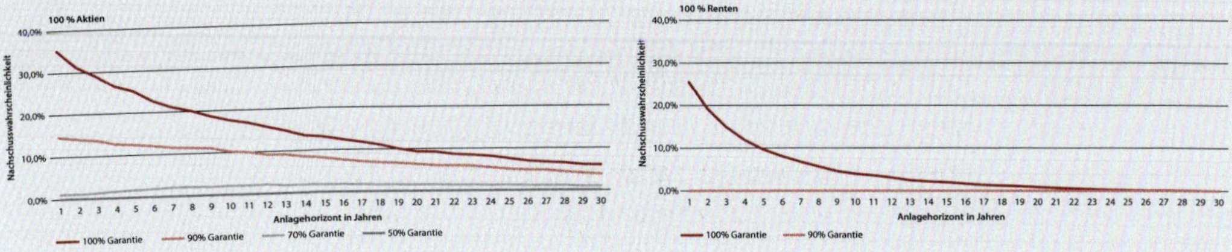

Quelle: Deka Strategy Navigator

Eine exemplarische Analyse belegt, dass bei einer Garantie von 100 % und einer vollständigen Allokation in Aktien die Nachschusswahrscheinlichkeit bei einem Anlagehorizont von 20 Jahren noch rund 6 % beträgt. Um dieses Risiko auf unter 1 % zu senken, müsste der Aktienanteil deutlich reduziert werden – mit spürbaren Renditeeinbußen. Alternativ lässt sich ein vergleichbar geringes Risiko auch durch eine Absenkung der Garantie auf 70 % erreichen – bei gleichzeitig hoher Aktienquote.

Fazit: Die Ausgestaltung der Garantie ist ein zentraler Stellhebel. Bei einem Garantieniveau von 70 % kann das Nachschussrisiko für den Arbeitgeber weitgehend eliminiert werden – ohne dass Mitarbeitende in der Zusammensetzung ihrer Kapitalanlage begrenzt werden müssen. Auch eine 100-%-Allokation in Aktien wäre möglich – die bei langfristiger Betrachtung für die Mitarbeitenden häufig eigentlich attraktivste Lösung.

Mitarbeitendenperspektive – Sicherheit und Rendite

In der Praxis sind vollständige Allokationen in Aktien allerdings selten zu beobachten. Grund sind geringe finanzielle Bildung und verzerrte Risikowahrnehmungen: Laut OECD (2024) können rund 50 % der Bevölkerung grundlegende finanzielle Zusammenhänge nicht korrekt einschätzen. Schwankungen werden überbewertet, langfristige Ertragschancen hingegen unterschätzt (z. B. Yang 2019).

Diese Haltung wirkt sich unmittelbar auf die betriebliche Praxis aus: Wird das Risiko von Aktienanlagen überschätzt, drohen konservative Portfoliostrukturen – mit entsprechend niedrigerem Versorgungsniveau. Laut dem Global Benefits Attitudes Survey 2020 von Willis Towers Watson priorisieren 66 % der Beschäftigten Sicherheit, nur 8 % sehen Rendite im Fokus.

Verhaltenspsychologie: Warum Sicherheit oft über Rendite siegt – zumindest im Alter

Das ausgeprägte Sicherheitsbedürfnis vieler Beschäftigter lässt sich nicht allein durch rationale Risikoabwägung erklären, sondern beruht auf tief verankerten psychologischen Verhaltensmustern. Drei Effekte sind hierbei besonders relevant:

- **Verlustaversion:** Verluste werden deutlich stärker empfunden als gleich hohe Gewinne – insbesondere wenn das Kapital der existenziellen Absicherung im Alter dient. Diese Verzerrung führt dazu, dass auch geringe Wertschwankungen emotional überhöht und als Bedrohung wahrgenommen werden.
- **Mentale Buchführung:** Altersvorsorgekapital wird emotional als „sicherer Topf" betrachtet – unabhängig von seiner tatsächlichen Risikostruktur. Schwankungen widersprechen dieser mentalen Einordnung und erzeugen kognitive Dissonanz.
- **Salienz-Effekt:** Kurzfristige Verluste erhalten übermäßige Aufmerksamkeit, während langfristige Ertragschancen – etwa durch Aktien – in den Hintergrund treten. Dies führt zu übervorsichtigen Anlageentscheidungen.

Laut einer Studie der Frankfurt School of Finance sehen fast 50 % der Befragten Aktien als geeignete Altersvorsorge für junge Menschen.

Diese Effekte verstärken sich mit zunehmendem Alter: Das Bedürfnis nach Planbarkeit und Kapitalerhalt steigt, da sowohl der Anlagehorizont kürzer als auch die Verlusttoleranz geringer ist. Auf der anderen Seite fordern jüngere Beschäftigte häufiger renditeorientierte Modelle und akzeptieren höhere Aktienquoten – sie verfügen über den nötigen Zeithorizont, Marktschwankungen auszusitzen. Laut einer bAV-Studie der Frankfurt School of Finance (Stotz 2023) sehen fast 50 % der Befragten Aktien als geeignete Altersvorsorge für junge Menschen.

Erstens ist also gezielte finanzielle Bildung unerlässlich, um emotionale Verzerrungen abzubauen und eine realistischere Wahrnehmung von Kapitalmarktrisiken zu fördern – damit Mitarbeitende ihrer gestiegenen Verantwortung informierter begegnen können. Zweitens erfordert die ausgeprägte Heterogenität der Risikoneigungen innerhalb der Belegschaft eine differenzierte Ausgestaltung der Vorsorgemodelle: flexibel genug, um sowohl das Sicherheitsbedürfnis älterer als auch das Renditeinteresse jüngerer Beschäftigter zu berücksichtigen.

Lebenszyklusmodelle als Antwort auf differenzierte Risikopräferenzen

Wertpapiergebundene Direktzusagen in Form von Lebenszyklusmodellen bieten hierfür einen passenden Rahmen. Sie ermöglichen eine systematische Anpassung der Kapitalanlage entlang des Erwerbslebens – etwa durch automatische Umschichtungen von renditestarken in risikoärmere Anlageklassen. Kriterien wie Alter, Vermögensstand oder individuelle Risikoneigung können dabei berücksichtigt werden. Das Ergebnis: ein Versorgungssystem, das sich flexibel an die Lebensrealität der Beschäftigten anpasst – und zugleich Arbeitgebern eine strukturierte, steuerbare Lösung bietet.

Der Definition des Gleitpfades sollte in der Praxis hohe Beachtung geschenkt werden.

Zentrale Stellgröße ist die Ausgestaltung des sogenannten Gleitpfads: die regelbasierte Steuerung der Asset-Allokation über den Zeitverlauf. Je nach Ausrichtung kann dieser Gleitpfad sowohl risikoorientiert (mit längerer Aktienquote) als auch sicherheitsorientiert (frühzeitige Umschichtung in Anleihen) ausgestaltet werden.

Der Definition des Gleitpfades sollte in der Praxis hohe Beachtung geschenkt werden. Pauschale Heuristiken wie „100 minus Lebensalter" greifen zu kurz und führen zu Wohlfahrtsverlusten und damit geringeren Versorgungsniveaus (z. B. Horneff, Maurer und Love 2024). Eine fundierte, datengestützte Gestaltung ist essenziell – sowohl im Interesse der Mitarbeitenden als auch zur Optimierung unternehmerischer Steuerungsziele.

Wissenschaftliche Fundierung durch stochastische Steuerungsmodelle

In der wissenschaftlichen Literatur werden häufig stochastische Steuerungsmodelle genutzt, um den optimalen Verlauf solcher Gleitpfade zu bestimmen.

Aus der wissenschaftlichen Literatur lassen sich vier wesentliche Erkenntnisse ableiten:

- **Die optimale Aktienquote variiert stark mit der individuellen Risikoaversion.** Eine Einheitslösung („one size fits all") führt zu Wohlfahrtsverlusten.
- **Jüngere Investoren mit sicherem Einkommen und geringem Vermögen sollten hohe Aktienquoten halten,** da ihr Humankapital als „anleiheähnlicher Vermögenswert" wirkt – also das Gesamtrisiko relativ niedrig ist.
- **Mit steigendem Alter sinkt das Verhältnis von Humankapital zu Finanzkapital** ▶ die Aktienquote sollte reduziert werden, da die Risikotragfähigkeit abnimmt.
- **Die Höhe des erreichten Vorsorgevermögens beeinflusst die Risikotoleranz.** Mit steigendem Vorsorgevermögen relativ zum Einkommen sollte die Kapitalanlage konservativer werden.

Aufbauend auf diesen theoretischen Grundlagen hat das quantitative Fondsmanagement der Deka ein eigenes, stochastisches Steuerungsmodell entwickelt, um die komplexe Lebensrealität von Individuen abzubilden und bei Anlageentscheidungen zu berücksichtigen.

Bei mittlerer Risikoaversion wird verhältnismäßig lange eine hohe Aktienquote beibehalten.

Das Steuerungsmodell der Deka kann für verschiedene Personen oder Gruppen von Personen ideale Gleitpfade berechnen und eine regelbasierte Steuerung über den Lebenszyklus ableiten. Der unten beispielhaft ermittelte Gleitpfad für zwei Personengruppen zeigt den hohen Einfluss der Risikoeinstellung. Bei mittlerer Risikoaversion wird verhältnismäßig lange eine hohe Aktienquote beibehalten, während hoch risikoscheue Anleger im Erwartungswert die Aktienquote schnell und deutlich senken.

Das Modell der Deka bezieht neben dem Alter auch das Vermögen als Vielfaches des permanenten Einkommens ein. Das Ergebnis ist ein dreidimensionaler Gleitpfad.

Wie in der Theorie beschrieben, zeigen auch die Simulationsergebnisse, dass bei einem mittleren Vorsorgevermögen relativ zum Einkommen eine hohe Aktienquote sinnvoll ist. Bei einem höheren erreichten Vermögen der Altersvorsorge relativ zum permanenten Einkommen sollte die Aktienquote in der Simulation allerdings reduziert werden, um den Wohl-

Grafik 2: Erwartete Asset-Allokationsverläufe

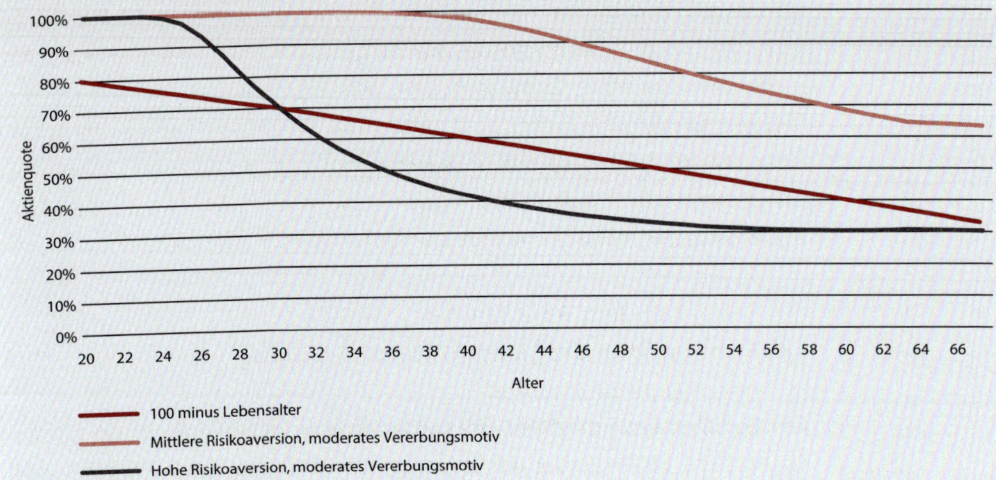

Quelle: Deka, eigene Berechnung

fahrtsgewinn zu sichern. Bei einem geringen Vorsorgevermögen ist unabhängig vom Alter eine konservative Anlage empfehlenswert, bei der der Fokus auf Kapitalerhalt liegt. Das Vermögen wird hier als eine Art eiserne Reserve betrachtet, deren Verlust als besonders einschneidend wahrgenommen wird.

Für die betriebliche Altersversorgung (bAV) lassen sich aus den modellgestützten Analysen folgende Gestaltungsimplikationen für die Praxis ableiten: Der optimale Lebenszykluspfad ist keine universelle Lösung. Moderne Versorgungssysteme sollten Wahlmöglichkeiten zwischen unterschiedlichen Risikoprofilen vorsehen, um den heterogenen Präferenzen und Anforderungen der Mitarbeitenden gerecht zu werden. Bereits die Berücksichtigung von mittlerer und höherer Risikoaversion sollte in Deutschland ein breites relevantes Spektrum abdecken. Mitarbeitenden mit eher geringen Beiträgen kann per Default ein Modell mit höherer Risikoaversion zugeordnet werden. Hier könnte auch ein höheres Garantieniveau durch das Unternehmen angeboten werden. Die konservative Ausrichtung würde dies ermöglichen. Die Garantie hätte hier einen hohen emotionalen Mehrwert für die Mitarbeitenden.

Mitarbeitenden mit mittleren bis höheren Beiträgen könnte dagegen auch eine stärker chancenorientierte Anlage zugänglich gemacht werden. Diese könnte um einen dynamischen Rebalancing-Mechanismus, im Sinne eines Trigger-Mechanismus, ergänzt werden, der das Verhältnis von Vermögen in der Altersvorsorge zum permanenten Einkommen berücksichtigt. Übersteigt das Vorsorgevolumen durch hohe Kapitalmarktgewinne einen Schwellenwert, wird das Anlagerisiko reduziert. Es werden zusätzliche Puffer geschaffen, die konservativer angelegt werden, zum Beispiel in Anleihen. So kann der Wohlfahrtsgewinn für die Mitarbeitenden nochmals deutlich gesteigert werden. Die Umsetzung kann in der Praxis vereinfacht über Regelwerke definiert werden.

Effiziente Umsetzung als zentraler Baustein

Ein entscheidender Vorteil der betrieblichen Altersversorgung besteht für Mitarbeitende darin, dass sie über das Kollektiv eine Effizienz erreichen, die privat kaum realisierbar ist – insbesondere für Beschäftigte ohne vertiefte Kapitalmarktkenntnisse. Diese kollektive Effizienz ergibt sich durch Kostenvorteile im Asset Management und -Servicing (z. B. durch gebündeltes Volumen), Zugang zu institutionellen Anlagestrategien mit potenziell stabiler Outperformance sowie zu einer professionellen Steuerung der Kapitalanlage.

In der Verantwortung des Arbeitgebers liegt es, diese Potenziale im Sinne der Mitarbeitenden auszuschöpfen und eine möglichst wirkungsvolle Kapitalanlagestrategie zu wählen.

Verschiedene Konzepte können hier zum Einsatz kommen:

Standardisierte Anlagelösungen

Target-Date Funds

Target-Date Funds sind einfach zu implementieren.

Target-Date Funds (TDFs) sind zeitgebundene Lebenszyklusstrategien. Sie folgen einem festgelegten Gleitpfad, der das Risiko automatisch im Zeitverlauf reduziert – unabhängig von der Marktentwicklung. TDFs sind einfach zu implementieren. Sie richten sich nach dem Zieljahr, nicht aber nach individuellen Merkmalen wie Risikopräferenz, Vermögen oder Humankapital. Die festgelegte Reduktion des Aktienanteils folgt oft einem linearen Gleitpfad. TDFs unterscheiden sich stark in Bezug auf Allokation, Volatilität, Kosten und Managementansatz, wodurch der Vergleich erschwert wird.

TDFs eignen sich eher für kleinere Unternehmen.

Individuelle Anlagelösungen

Mit den folgenden Lösungen können unternehmensspezifische Lebenszyklusstrategien implementiert werden, die auf die spezifischen Anforderungen abgestimmt sind. Die Grundlage bildet der im Lebenszyklus definierte Gleitpfad. Für jeden Mitarbeitenden wird in jeder Periode, häufig jährlich, die neue Soll-Allokation bestimmt. Die Gesamtallokation ergibt sich dann als Summe der Einzelallokationen und kann zum Beispiel mittels eines segmentierten Spezialfonds umgesetzt werden.

Ausgewählte Lösungen:
Multi-Asset Lösungen mit taktischer Risikosteuerung

Multi-Asset-Strategien sind flexibel, marktgetrieben, aber nicht altersgebunden. Sie bieten laufende Anpassung bei Änderungen an den Kapitalmärkten und können auf verschiedene Ziele (Wachstum oder Kapitalerhalt) ausgerichtet werden. In der Praxis werden Multi-Asset-Strategien häufig als defensiver Baustein eingesetzt. Der Vorteil ist, dass eine diversifizierte Anlage mit aktiver Risikobegrenzung umgesetzt werden kann. Ein reines Anleihenportfolio kann bei einem Zinsanstieg hohe Verluste haben, die dem gewollten Risikocharakter nicht gerecht werden.

Wenn hohe Kosteneffizienz im Mittelpunkt steht, bieten semi-passive Lösungen im Anleihensegment eine Alternative.

Passiv oder aktiv gemanagte Anlageklassen als Einzelbausteine

Die Bausteine im Lebenszyklus können auch über separierte Anlageklassen abgebildet werden. In der einfachsten Form: Aktien für den chancenorientierten Baustein und Anleihen oder Geldmarkt für den sicherheitsorientierten Teil. In den einzelnen Bausteinen findet hier kein aktives Risikomanagement statt. Das Risikomanagement erfolgt allein durch Umschichtung im Lebenszyklus. Die Umsetzung kann sowohl aktiv als auch passiv erfolgen. Bei einer aktiven Umsetzung kann durch das Asset Management eine Überrendite erzielt werden. Liegt die Priorität auf Kosteneffizienz, können Exchange Traded Funds (ETFs) bzw. bei höheren Anlagevolumen auch Mandate mit passivem Indextracking umgesetzt werden. Diese bilden die Wertentwicklung des gewünschten Markts durch eine Indexreplikation ab. In der Praxis wird eher der offensive Baustein des Lebenszyklusmodells passiv umgesetzt. Bei einer passiven Umsetzung des Anleihensegmentes wäre ein hohes Volumen notwendig. Die hohe Anzahl der Emittenten im Index verhindert oftmals eine vollständige Replizierung. Wenn hohe Kosteneffizienz im Mittelpunkt steht, bieten semi-passive Lösungen im Anleihensegment eine Alternative. Hier kann zum Beispiel über einen Qualitätsfilter sowie eine aktive Durationssteuerung das Risiko weiter reduziert werden.

Die Überlegungen zeigen, dass in der Praxis der Implementierung ein hohes Gewicht zukommen sollte. Bereits geringe Effizienznachteile können durch langjährige Zinseszinseffekte zu erheblichen Wohlfahrtsverlusten führen und das Vielfache eines Jahresbeitrages erreichen.

Fazit: Lebenszyklusmodelle als Möglichkeit, eine attraktive Altersvorsorge zu gestalten

Wertpapiergebundene Direktzusagen eröffnen Unternehmen die Möglichkeit, eine attraktive und zugleich steuerbare betriebliche Altersversorgung anzubieten. Sie verbinden langfristige Kapitalmarktbeteiligung mit bilanzieller Planbarkeit – vorausgesetzt, zentrale Parameter wie Garantieniveau und Kapitalanlagestrategie sind sinnvoll aufeinander abgestimmt.

Lebenszyklusmodelle schaffen die Grundlage für eine passgenaue Ausrichtung der Kapitalanlage an Alter, Vermögensstand und Risikoaversion.

Ein zentrales Steuerungselement ist die Höhe der Garantie: Ein Niveau von unter 100 % gilt als tragfähiger Kompromiss – es begrenzt das Nachschussrisiko für Unternehmen und lässt zugleich Raum für renditestarke Kapitalanlagen. Lebenszyklusmodelle schaffen darüber hinaus die Grundlage für eine passgenaue Ausrichtung der Kapitalanlage an Alter, Vermögensstand und Risikoaversion. Empirische Modelle zeigen: Ein pauschaler Gleitpfad reicht nicht aus. Sinnvoller ist es, Mitarbeitenden Wahlmöglichkeiten zwischen unterschiedlich risikobehafteten Pfaden zu geben. Selbst einfache Differenzierungen, etwa in einen risikoaversen und einen chancenorientierten Pfad, stiften erkennbaren Wohlfahrtsgewinn.

Zugleich ist eine effiziente Umsetzung entscheidend. Kollektive Kapitalanlage bietet Skalenvorteile im Asset Servicing und Zugang zu professionellen Strategien, die dem Einzelnen meist verschlossen bleiben. Nur wenn diese Effizienzvorteile gehoben werden, lässt sich das volle Potenzial der bAV ausschöpfen.

Handlungsempfehlungen für die Praxis:

- Garantieniveau bewusst festlegen: Eine Absenkung auf unter 100 % schafft Gestaltungsspielräume bei der Kapitalanlage und dem Gleitpfad im Blick auf die Bedürfnisse der Mitarbeitenden, bei kalkulierbaren Nachschussrisiken für das Unternehmen.
- Risikopräferenzen der Mitarbeitenden berücksichtigen: Wahlmöglichkeiten zwischen mindestens zwei Gleitpfaden (z. B. konservativ versus renditeorientiert) schaffen Flexibilität und erhöhen die Akzeptanz. Bei dem konservativen Gleitpfad könnte ein höheres Garantieniveau ermöglicht werden, um hier den besonderen Sicherheitsbedürfnissen von Mitarbeitenden mit niedriger Risikotoleranz gerecht zu werden.
- Konservative Umschichtung bei Erreichung von Schwellenwerten: Analysen haben gezeigt, dass bei einem hohen Anstieg des Versorgungsvermögens im Verhältnis zum Einkommen/Beitrag ein Teil der Anlage konservativer angelegt werden sollte. Dies erhöht den Wohlfahrtsgewinn und macht das Ergebnis planbarer.
- Effiziente Umsetzung priorisieren: Aufgrund des kollektiv höheren Anlagevolumens kann eine Attraktivität erreicht werden, die dem einzelnen Mitarbeitenden nicht zur Verfügung steht.
- Finanzbildung ausbauen: Durch gezielte Informationsmaßnahmen lassen sich Risikoverzerrungen abbauen – das erhöht die Beteiligung und stärkt das Vertrauen in die bAV. Der Einsatz datenbasierter Modelle – wie des Deka Strategy Navigators – erlaubt die fundierte Ableitung optimaler Anlagestrategien.

Fazit: Die wertpapiergebundene Direktzusage ist kein Kompromissmodell, sondern bietet – bei kluger Ausgestaltung – eine leistungsfähige Antwort auf den Zielkonflikt zwischen Risikobereitschaft des Arbeitgebers und Mitarbeitendenbedürfnissen. Lebenszyklusmodelle mit effizienter Umsetzung sind dabei der zentrale Hebel, um das volle Potenzial zu entfalten.

Der Einsatz datenbasierter Modelle erlaubt die fundierte Ableitung optimaler Anlagestrategien.

Hinweis: Diese Inhalte wurden zu Werbezwecken erstellt. Allein verbindliche Grundlage für den Erwerb von Deka Investmentfonds sind die jeweiligen Basisinformationsblätter, die jeweiligen Verkaufsprospekte und die jeweiligen Berichte, die Sie in deutscher Sprache bei Ihrer Sparkasse oder der DekaBank Deutsche Girozentrale, 60625 Frankfurt und unter www.deka.de erhalten. Bitte lesen Sie diese, bevor Sie eine Anlageentscheidung treffen. ●

The rise of Outsourced Chief Investment Officer (OCIO)

Ein globaler Trend. Wann auch in Deutschland?

Von Wolfgang Murmann und Dr. Maximilian Franke

Die offensichtlichen Folgen für den Arbeitsmarkt werden auch vor Einrichtungen der betrieblichen Altersversorgung nicht Halt machen.

Laut des Instituts der Deutschen Wirtschaft (IW Kurzbericht 52/2025, Ruth Maria Schüler, Stefanie Seele) hatten Ende 2023 bereits 4,5 Millionen Babyboomer das Renteneintrittsalter erreicht. Zudem weist die Prognose aus, dass sich die Entwicklung noch weiter beschleunigt. Bis 2036 werden alle verbliebenen 19,5 Millionen Babyboomer das gesetzliche Renteneintrittsalter erreicht haben. Dies entspricht fast 20 % der deutschen Gesamtbevölkerung. Gleichzeitig werden nur 12,5 Millionen Beschäftigte bis 2036 „nachwachsen". Die offensichtlichen wie verheerenden Folgen für den Arbeitsmarkt werden auch vor Einrichtungen der betrieblichen Altersversorgung (EbAV) nicht Halt machen, wie die Bundesanstalt für Finanzdienstleistungsaufsicht (BaFin) im Februar 2025 in dem Fachartikel „Wie Pensionskassen und -fonds mit Personalnot umgehen" (Norbert Pieper, Daniela Dickopf, Dr. Gerrit Frackenpohl, Nicole Weber) veröffentlichte. Während der „ausgelagerte" CIO hierzulande noch in den Kinderschuhen steckt, hat er international in den letzten Jahren deutlich an Bedeutung gewonnen, wie ein Blick in das OCIO Deal Directory verrät: UPS Defined Benefit (DB) Pension Plan (USA und Kanada, > 40 Mrd. USD), Shell Pensioenfond (Niederlande, > 25 Mrd. Euro), British Airways Pensions (UK, > 20 Mrd. GBP).

Auch wenn viele Aussagen allgemeingültig sind, ist dieser Beitrag aus der Perspektive von Pensionseinrichtungen mit Leistungszusagen (kurz DB für Defined Benefit) geschrieben.

Ein Definitionsversuch

OCIO ist die Abkürzung für Outsourced Chief Investment Officer und nicht einheitlich definiert. Eine Möglichkeit, den Begriff herzuleiten, ist, den breiten Verantwortungsbereich eines Kapitalanlagevorstands in seine einzelnen Prozessschritte (Strategie, Implementierung & fortlaufendes Management, Governance & Risikomanagement) zu unterteilen:

Strategie

Eine Asset-Liability-Analyse kann dabei unterstützen, durch das Zielsystem zu navigieren.

Die Anlage- und Risikomanagementziele für die Kapitalanlage einer Pensionseinrichtung sollten aus den übergeordneten Zielen des Trägerunternehmens hergeleitet werden. Dies können strategische Ziele (bspw. Aktienkursentwicklung), Finanzziele (bspw. Kredit-Rating) oder ESG-Ziele (bspw. Dekarbonisierung) sein. Je nach Durchführungsweg können sich zudem (regulatorische) Nebenbedingungen ergeben, wie das Einhalten von Mindestbedeckungsanforderungen.

Die Kapitalanlageziele können miteinander konkurrieren. Eine Asset-Liability-Analyse kann dabei unterstützen, durch das Zielsystem zu navigieren. Die Outputs des Prozessschritts „Strategie" unterscheiden sich hinsichtlich ihres Zeithorizonts:

- **Mittelfristige Strategie:** Die strategische Asset Allokation (kurz SAA) wird mittels einer Asset-Liability-Studie hergeleitet. Die Studie analysiert das Zielsystem und unterstützt bei der Herleitung einer einrichtungsspezifischen, optimalen Anlage- und Risikomanagementstrategie. SAAs werden in der Mehrzahl der Fälle alle 1-3 Jahre angepasst. Manche Pensionseinrichtungen fügen ihrer Kapitalanlagestrategie noch kurzfristige, taktische Elemente hinzu, die sogenannte Taktische Asset Allokation (kurz TAA).

- **Langfristige Strategie:** Deutlich weniger stark verbreitet (aber nicht weniger wichtig) als ALM-Studien und SAAs ist die langfristige „DB-Reiseplanung" (siehe Grafik 1). Vereinfacht gesprochen geht es darum, mit den wesentlichen Entscheidern und Gremien frühzeitig zu vereinbaren, welche Maßnahmen wann ergriffen werden. Diese langfristige Planung birgt zwei wesentliche Vorteile: Handlungsschnelligkeit und das Vermeiden von unnötigem Portfolio-Turnover. Hierzu ein Beispiel aus der Praxis: Als die langfristigen Zinsen im Jahr 2022 sprunghaft um etwa 3 % anstiegen und sich die (IFRS-)Ausfinanzierungsgrade unerwartet stark verbesserten, profitierten insbesondere die Pensionseinrichtungen, welche die internen Voraussetzungen dafür geschaffen hatten, agil von „Growth" auf „De-Risking" umzuschalten.

Grafik 1: DB-Reiseplanung

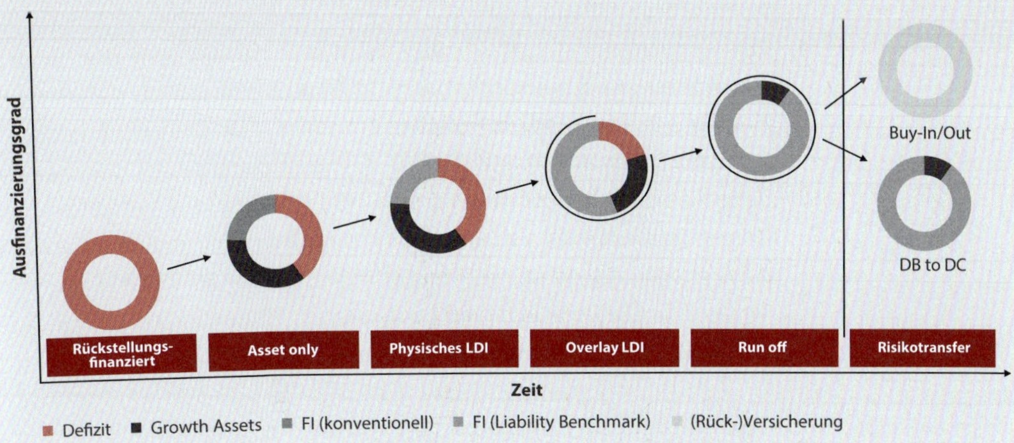

Quelle: Fidelity International (2025).

Implementierung & fortlaufendes Management

Sobald die SAA festgelegt wurde, sollte sie zeitnah implementiert werden. In einem ersten Schritt muss entschieden werden, welche Assets intern beziehungsweise von externen Vermögensverwaltern gemanagt werden sollen. Die Vergabe an externe Asset Manager erfolgt üblicherweise im Rahmen von Ausschreibungen. Sollte noch keine Beziehung zu einer KVG und einer Verwahrstelle bestehen, müssten diese auch ausgewählt und angebunden werden.

Governance & Risikomanagement

Sobald die SAA implementiert wurde, muss sie fortlaufend überwacht und weiterentwickelt werden: Werden etwaige regulatorische Anforderungen eingehalten? Entwickelt sich die Kapitalanlage insgesamt wie geplant? Muss sie nachjustiert werden, zum Beispiel durch den Austausch oder die Erweiterung externer Asset-Manager-Beziehungen? Reflektiert die SAA noch die (sich im Zeitablauf) ändernden Anlageziele? Der Governance-Struktur kommt hierbei aus zweierlei Gründen eine besondere Bedeutung zu:

- Aus der Subsidiärhaftung ergeben sich sowohl für das Trägerunternehmen als auch für die Treuhänder Haftungsrisiken. Daher ist eine

kontinuierliche und zeitnahe Informationsversorgung eine zentrale Anforderung, um jederzeit gegenüber internen und externen Stakeholdern sprachfähig zu sein.
- Die Governance-Struktur sollte nicht nur robust (um den Risikomanagementanforderungen gerecht zu werden), sondern auch flexibel sein. Denn: Gerade in volatilen Phasen ist Handlungsschnelligkeit ein erfolgskritischer Faktor. Der Anlageausschuss ist hierbei ein zentrales Gremium. Er setzt sich typischerweise aus Vertretern des Trägerunternehmens zusammen, kann aber auch externe Parteien berufen, um die nötige Breite und Tiefe an erforderlichem Expertenwissen, zum Beispiel in Bezug auf Aktuariat, Kapitalanlage oder Risikomanagement, sicherzustellen.

In der Praxis ergeben sich häufig personelle Engpässe, sodass sich das Fachwissen intern nicht aufbauen lässt.

Idealtypisch deckt der Kapitalanlagevorstand und sein Team die gesamte Wertschöpfungskette ab. Allerdings ergeben sich in der Praxis häufig personelle Engpässe, sodass sich das erforderliche Fachwissen intern nicht aufbauen oder nachbesetzten lässt (oder dies nicht erwünscht ist). In diesen Fällen können Outsourcing-Modelle eine Alternative sein. Das OCIO-Modell zeichnet sich durch seine sehr hohe Flexibilität aus, da es dem Trägerunternehmen obliegt, welche Teile der Wertschöpfungskette in welchem Umfang ausgelagert werden sollen.

OCIO: für wen?

Grundsätzlich – und auch international gültig – ist der Fachkräftemangel der Haupttreiber von Outsourcing-Modellen. Dieser wird sich mit Blick auf die Demographie weiter beschleunigen. Im Pensions-Management sind aus der Perspektive der Trägerunternehmen zwei zentrale Fragen zu beantworten:

- Sollen interne Ressourcen vorgehalten werden und wenn ja, in welchem Umfang?
- Wenn ja: Ist das Unternehmen dazu in der Lage, Stellen adäquat zu besetzten? Laut der BaFin-Veröffentlichung von Februar 2025 sind die Haupttreiber für unbesetzte Stellen Fachkräftemangel (47 %) und Vergütung (25 %).

Darüber hinaus gibt es länderspezifische Faktoren. Ein Blick auf die institutionelle Investorenlandschaft in Deutschland verdeutlicht, dass der

Markt stark fragmentiert ist. Während die Anzahl an großen und sehr großen institutionellen Anlegern begrenzt ist, ist der Markt hierzulande stark von kleinen und mittelgroßen Kapitalsammelstellen geprägt.

Bei der Mehrzahl der kleinen bis mittelgroßen Pensionseinrichtungen muss ein kleines Team die steigende Komplexität rund um Kapitalanlage meistern, bei einigen gar in Personalunion (zum Beispiel in Person des Corporate Treasurers). Allerdings ist davon auszugehen, dass der Bedarf an OCIO-Modellen in Zukunft auch bei größeren Investoren wachsen wird: denn auch dort gibt es Teams, die mit einer kleinen Personenanzahl mehrere Milliarden an Pensionsvermögen verwalten müssen. Insbesondere in den angelsächsisch geprägten Märkten beschäftigen sich daher inzwischen auch „Schwergewichte" der institutionellen Kapitalanlage verstärkt mit OCIO-Modellen. Die bisher (vermeintlich) größte Transaktion in diesem Bereich fand im Jahr 2024 statt, als UPS seine DB-Kapitalanlage in Höhe von > 40 Mrd. USD auslagerte.

Es ist davon auszugehen, dass der Bedarf an OCIO-Modellen in Zukunft auch bei größeren Investoren wachsen wird.

Ein weiterer Beschleuniger zur Verbreitung von OCIO ist M&A. Die deutsche Wirtschaft befindet sich in einem Transformationsprozess. In diesem Zusammenhang ist zwischen Unterstützung während und nach der M&A-Transaktion zu unterscheiden: Typische Merkmale während der Transaktionen sind Zeitdruck, personelle Engpässe und Informationsbarrieren. Ein (zeitlich begrenztes) Outsourcing wichtiger nicht operativer Themen – wie dem Pensions-Management – an Partner mit bestehender Infrastruktur und Ressourcen, kann Unternehmen dabei unterstützen, die M&A-Transaktion innerhalb des vorgegebenen Zeitplans umzusetzen. Nach Vollzug der Transaktion werden aus einem Planvermögen bzw. einer Pensionsverpflichtung numerisch zwei. Damit einhergehend stellt sich die Frage, ob das aufnehmende bzw. abgespaltene Unternehmen über die personellen Ressourcen verfügt, die Pläne zu integrieren bzw. nach Abspaltung weiterhin zu bewirtschaften.

Last but not least: Die Mehrzahl der DB-Pläne in Deutschland sind geschlossen und befinden sich entweder bereits in der Entsparphase oder werden in den kommenden Jahren in diese eintreten. Dadurch ergeben sich neuartige Risiken, wie insbesondere Zwangsverkaufsrisiken, die bei der Konstruktion der Kapitalanlage berücksichtigt werden müssen. Auch hier stellt sich die Frage, ob diese Expertise intern aufgebaut werden soll oder auf externes Fachwissen zurückgegriffen wird.

Kurzum: OCIO-Modelle erlauben es, dem Trägerunternehmen die Kapitalanlage professionell zu managen, indem insbesondere operationelle (Teil-)Bereiche ausgelagert werden. Dies entlastet die In-House-Ressourcen und gibt ihnen Freiräume, sich strategischen Themen zu widmen.

OCIO: welche Modelle gibt es?

Aufgrund ihrer Flexibilität haben OCIO-Modelle eine breite Anwendbarkeit. Nichtsdestotrotz lassen sie sich anhand einiger übergeordneter Kriterien clustern:

- **Anbietertyp:** Man kann zwischen zwei Anbietertypen unterscheiden: Anbieter, bei denen Administrationsaspekte im Vordergrund stehen, und Anbieter mit einem stärkeren Kapitalmarktbezug.
- **Outsourcing-Grad:** Im OCIO gibt der Plansponsor üblicherweise die Strategie vor und überwacht den Anbieter, um seiner Subsidiärhaftung Rechnung zu tragen. Die Umsetzung der Strategie sowie die Erledigung des operativen Tagesgeschäfts obliegt aber dem OCIO-Manager. In Abgrenzung hierzu erfolgt im Fiduciary Management ein komplettes Outsourcing, inklusive wesentlicher strategischer Entscheidungen und Governance-Funktionen. Die Nachhaftung verbleibt dennoch beim Plansponsor.

Ein Trägerunternehmen muss die Kapitalanlage nicht zwangsläufig dauerhaft auslagern.

- **Permanentes versus temporäres Outsourcing:** Ein Trägerunternehmen muss die Kapitalanlage nicht zwangsläufig dauerhaft auslagern. OCIO-Manager können die Kapitalanlage auch interimistisch (mit-)betreuen, zum Beispiel im Zuge von Nachfolge- bzw. Nachbesetzungsregelungen.
- **Liftouts:** Auch wenn dies in Deutschland noch nicht weit verbreitet ist, kann im Rahmen einer OCIO-Transaktion das In-House-Pension-Team eines Unternehmens in das Investment-Team des OCIO-Anbieters integriert werden.

OCIO: Checklist

Ein Kapitalanlagevorstand und sein Team müssen komplexe, oftmals zeitsensitive Entscheidungen treffen und durch eine Vielzahl von Zielkonflikten navigieren. Entsprechend hoch sollten die Anforderungen an einen potenziellen OCIO-Partner sein:

- Nicht-konfliktbehaftetes Servicemodell
- 360-Grad Unterstützung
- Performance-Verantwortlichkeit

Wann macht OCIO Sinn?

Anhand einiger weniger Fragen kann ein Trägerunternehmen für sich beantworten, ob die (teilweise) Auslagerung der Kapitalanlagefunktion grundsätzlich in Betracht gezogen werden sollte oder nicht:

- **Strategische Bedeutung:** Trägt die Anlage von Pensionsplanvermögen positiv zu den operativen KPIs des Unternehmens bei? Wenn ja: tendenziell In-House Management.
- **Komplexität:** Ist die Anlage von Pensionsplanvermögen nicht von strategischer Wichtigkeit und die Komplexität hoch? Wenn ja: tendenziell Outsourcing.
- **Personalbeschaffung:** Ist das Unternehmen Willens und in der Lage die Kapitalanlagefunktion mit der nötigen Expertise auszustatten? Wenn ja: tendenziell In-House Management.
- **Kosten:** Sind die Kosten für das In-House Management höher als die Gebühren an den OCIO-Manager? Wenn ja: tendenziell Outsourcing.

Chancen und Risiken

Die potenziellen Vorteile des Outsourced CIO liegen auf der Hand:

Pensionsverpflichtungen belasten das operative Geschäft.

- **Fokussierung auf das operative Geschäft:** Pensionsverpflichtungen verursachen in erster Linie Kosten und tragen nicht positiv zu operativen KPIs bei. Durch eine Auslagerung können in vielen Fällen diese Kosten reduziert werden.
- **Reduzierte operative Komplexität:** Das Trägerunternehmen hat einen „Single Point of Contact", an den es sämtliche, im OCIO-Vertrag definierten Aufgaben delegieren kann. Der OCIO-Partner hält das Trägerunternehmen aber über ein zeitnahes, holistisches Management-Reporting informiert.
- **Besseres Ergebnis der Kapitalanlage:** Die Spezialisierung entlang des Investmentprozesses, inklusive eingebettetem Risikomanagement, sollte dem Kapitalanlageergebnis zuträglich sein. Zudem erlaubt eine offene Architektur eine Best-in-Class Allokation in verschiedene Asset Manager. Eine langfristige DB-Reiseplanung

unterstützt dabei, die sich im Zeitablauf ändernden Anlageziele – bei möglichst geringer Portfolioumschlaghäufigkeit – zu erreichen.
- **Erhöhte Kosteneffizienz:** Ein zentrales Argument für oder gegen das Outsourcing sind die Kosten eines In-House-Asset-Management-Teams im Vergleich zu den Gebühren des OCIO-Anbieters. Dies sollte auf einer „like-for-like"-Basis evaluiert werden, also unter Berücksichtigung des diversen Fachwissens, das entlang der Investment-Wertschöpfungskette erforderlich ist. Bei dem Abwägen der Vor- und Nachteile kommen also klassische Make-or-Buy-Überlegungen zum Tragen.
- **Reduziertes Key-Man-Risiko:** Wenn Wissensträger (unerwartet) das Unternehmen verlassen, kann dies – gerade in kleinen Teams – die Handlungsfähigkeit stark einschränken.

Diesen Vorteilen stehen eine Reihe an Risiken gegenüber, welche die Trägerunternehmen sorgfältig gegeneinander abwägen müssen:

Ein zentrales Argument für oder gegen das Outsourcing sind die Kosten eines In-House-Asset-Management-Teams im Vergleich zu den Gebühren des OCIO-Anbieters.

- **Interessenkonflikte:** Der Plansponsor hat gegenüber den Planteilnehmern eine treuhänderische Verantwortung. Daher sollte das Trägerunternehmen sorgfältig analysieren, ob und wenn ja in welchem Umfang bei einem potenziellen OCIO-Partner Interessenkonflikte bestehen. Zum Beispiel: Wird lediglich auf eigene Capabilities zurückgegriffen oder können auch Drittparteien eingebunden werden?
- **Kontrollverlust:** Die Übertragung von Verantwortlichkeiten reduziert nicht die Subsidiärhaftung, die Nachhaftungsrisiken verbleiben beim Trägerunternehmen. Entsprechend ist in einem OCIO-Konstrukt die Governance-Struktur von zentraler Bedeutung.
- **Auswirkungen auf andere Geschäftsbeziehungen:** Unternehmen müssen eine ganze Reihe an externen Interessengruppen managen, zum Beispiel ihre Kernbanken. Diese fordern in vielen Fällen aktiv ihren sogenannten „Wallet share" ein und das Asset-Management ist regelmäßig Bestandteil dieser Verhandlungen.
- **Intransparenz:** Viele bestehende OCIO- und Fiduciary-Management-Verträge sind durch undurchsichtige, verschachtelte oder nachgelagerte Gebührenmodelle geprägt. Dies erschwert den Kostenvergleich bei der Make-or-Buy Entscheidung.

Was ist bei der Auswahl eines OCIO-Anbieters zu berücksichtigen?

Bei der Auswahl eines geeigneten OCIO-Partners geht es einerseits darum, die Vorteile zu heben, andererseits die damit verbundenen Risiken zu mitigieren. Typische Auswahlkriterien, unterteilt nach den einzelnen Prozessschritte, sind:

- **Strategie:** Ist der OCIO-Anbieter dazu in der Lage, das Trägerunternehmen bei der Übersetzung von operativen KPIs in eine geeignete Kapitalanlagestrategie zu unterstützen – zum Beispiel in Form von ALM-Studien und DB-Reiseplanung?
  Einordnung: Aus einer Risikoperspektive ist dieser Prozessschritt unkritisch, da der OCIO-Anbieter lediglich Tools, Know-How und Ressourcen zu Verfügung stellt.
- **Implementierung & fortlaufendes Management:** Hat der OCIO-Anbieter geeignete Investment- und Risikomanagementprozesse, um die Anlageziele zu erreichen und seiner Performance-Verantwortung gerecht zu werden? Hat er Zugang zu allen nötigen Anlageklassen, um die SAA implementieren zu können? Können Drittparteien unabhängig bewertet und integriert werden? Wie werden die angebundenen Asset-Manager überwacht und ggf. ausgetauscht? Hat der OCIO-Anbieter die nötige DB-Expertise um eine fortlaufende Beratung und Mandatsweiterentwicklung zu gewährleisten?
  Einordnung: Aus einer Risikoperspektive können in diesem Prozessschritt Interessenkonflikte entstehen, da der OCIO-Anbieter potenziell „eigene Produkte" priorisieren könnte.

Da die Nachhaftung beim Unternehmen verbleibt, spielt die Robustheit der Governance-Struktur bei Auflage eines OCIO-Mandats eine zentrale Rolle.

- **Governance & Risikomanagement:** Da die Nachhaftung beim Unternehmen verbleibt, spielt die Robustheit der Governance-Struktur bei Auflage eines OCIO-Mandats eine zentrale Rolle. Typische Governance-Entscheidungsparameter sind:
  - Auswahl des Finanzierungsvehikels, z. B. Gruppen-CTA, Gruppen-Pensionsfonds, Auswahl des OCIO-Managers, z. B. Robustheit ALM-, Investment- und Risikomanagementprozesse
  - Unabhängige Gremienbesetzung, z. B. Berufung von Drittparteien in den Anlageausschuss
  - Sicherstellen eines konsistenten Kontroll- und Berichterstattungsansatzes
  - Eingriffsmöglichkeiten des Trägerunternehmens, sowohl fortlaufend als auch ad-hoc
  - Gewährleistung einer fortlaufenden Kostentransparenz

– Regelung von Verantwortlichkeiten sowie des Kundenservice-Modells

In der Praxis verbessert sich mit einem OCIO-Vertrag oftmals die Governance hinsichtlich der Verantwortlichkeiten, der Kapitalanlageüberwachung, der Handlungsschnelligkeit sowie der operationellen und Key-Man-Risiken.
Einordnung: Aus einer Risikoperspektive können in diesem Prozessschritt Haftungsrisiken entstehen, da das Trägerunternehmen seine Treuhänderpflichten nicht delegieren kann und formal in der Subsidiärhaftung verbleibt.

Fazit

OCIO kommt nicht für jedermann in Frage. Aufgrund der demographischen Veränderungen sowie des Transformationsprozesses der Wirtschaft wird sich aber der Anwenderkreis auch hierzulande deutlich verbreitern und in Zukunft auch große Pensionseinrichtungen miteinschließen. Beim Outsourced CIO handelt es sich um einen „Hand-in-Hand"-Ansatz, wie die abschließende Grafik 2 veranschaulicht.

Grafik 2: Das OCIO-Puzzle: Flexible „Hand-in-Hand" Partnerschaft

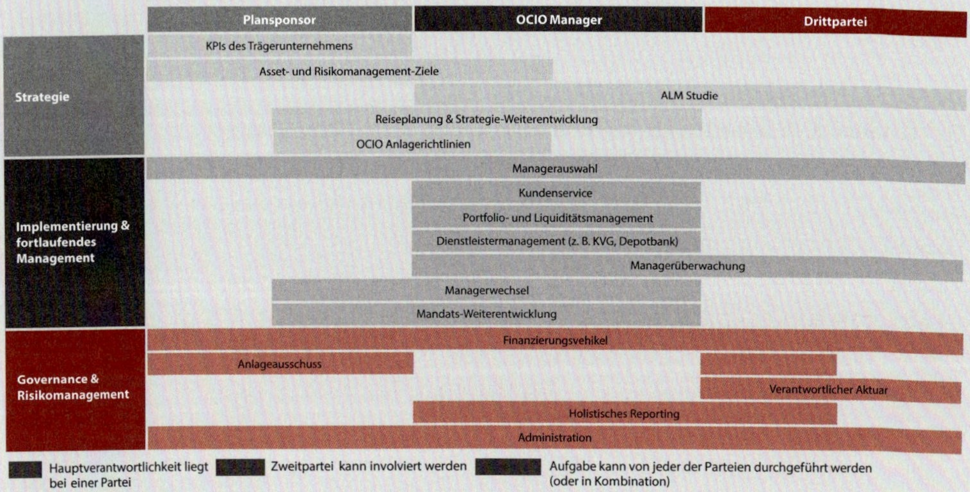

Quelle: Fidelity International (2025).

Bilanzoptimierung durch Unternehmensanleihen und Derivatestrategien in der bAV

Chancen nutzen und Komplexität vermeiden

Von Eberhard Glöckner, Vincent Ehlers und Christian Naß

Oft kommt es am Kapitalmarkt zu Schwankungen in den Zins- und Inflationsraten, welche die Bewertung der ausstehenden Pensionsverbindlichkeiten erheblich beeinflussen. Ohne einen wirksamen Ausgleich durch die Aktivseite nimmt dies direkten Effekt auf die eigene Bilanz. Um diese Form der Bilanzvolatilität zu verringern, ist in der betrieblichen Altersvorsorge (bAV) ein hoher Ausfinanzierungsgrad und eine Harmonisierung der Aktiv- und Passivseite sinnvoll. Hier eignen sich sehr lange Anleihen, oft von staatlichen Emittenten, allerdings mit geringerer Rendite. Eine Alternative oder Ergänzung bieten Unternehmensanleihen, die durch ihren höheren Ertrag die Kapitalunterlegung reduzieren und es auf der Aktivseite erlauben, unterschiedliche Aspekte wie Nachhaltigkeit zu berücksichtigen. Zudem kann durch eine Beimischung von Zins- und Inflationsderivaten gezielt die Bilanzvolatilität solcher Anlagen verringert werden.

In der bAV sind ein hoher Ausfinanzierungsgrad und eine Harmonisierung der Aktiv- und Passivseite sinnvoll.

Besondere Aufmerksamkeit gebührt dabei dem Risikoaufschlag von Emittenten aus dem Unternehmensbereich gegenüber staatlichen Emittenten. Dieser ist der höheren, bonitätsbedingten Unsicherheit geschuldet und kann sich in wirtschaftlich schwierigen Zeiten und in Rezessionen temporär negativ auf die Bewertungsentwicklung von Anleihen auswirken. Im historischen Rückblick zeigt sich über einen längeren Zeitraum betrachtet, dass es in den letzten zwei Jahrzehnten keine Phase gab, in welcher der Mehrertrag von Unternehmensanleihen diese Effekte nicht überkompensiert hätte. Betrachtet man den Index für Euro-IG-Unternehmensanleihen, so zeigte sich seit dem Jahr 2000 ein Mehrertrag von etwa einem Prozent per annum gegenüber Staatsanleihen mit vergleichbaren Laufzeiten. Bei länger laufenden Indizes (10+ Jahre) liegt der Renditeaufschlag weiterhin bei +0,5 Prozent p. a.[1]

1 ICE BofA 10+ Year Euro Corporate Index versus ICE BofA 10+ Year Euro Government Index

Der lange Investitionshorizont, der sich aus der Aktiv-Passiv-Aussteuerung ergibt, ist hierbei von Vorteil: Seit dem Jahr 2000 gab es keine Phase, in der Unternehmensanleihen über einen längeren Zeitraum als 18 Monate schwächer als Staatsanleihen abgeschnitten haben. Eine weitere interessante Erkenntnis ist, dass sich in den letzten zwei Jahren die Renditen für Unternehmensanleihen trotz der erhöhten Volatilität stabil gehalten haben und ihre Attraktivität gegenüber der eigenen Historie oder anderen Zinspapieren mit fixen Kupons nicht verloren haben. Gegenwärtig bieten auf Euro lautende Unternehmensanleihen von Investment-Grade-Unternehmen noch immer eine um 50 Basispunkte höhere laufende Rendite im Vergleich zu Staatsanleihen.[2]

Komplexität von Unternehmensanleihen: Chancen richtig nutzen

Das große Universum von Unternehmensanleihen stellt den Anleger vor eine gesteigerte Komplexität, bietet aber gleichzeitig auch interessante Erfolgsmöglichkeiten. Während sich im Bereich Investment Grade (IG) nur einige wenigen Staaten den Markt aufteilen, gibt es auf der Seite der Unternehmensemittenten eine viel größere Auswahl, noch dazu aus ganz unterschiedlichen Branchen. Dieses breitere Anlageuniversum erfordert eine gründliche fundamentale Einschätzung und fortlaufende

Abbildung 1: Anteil der Emittenten im Verhältnis zum Anteil am Gesamtrisiko des IG-Unternehmensanleihe-Universums.

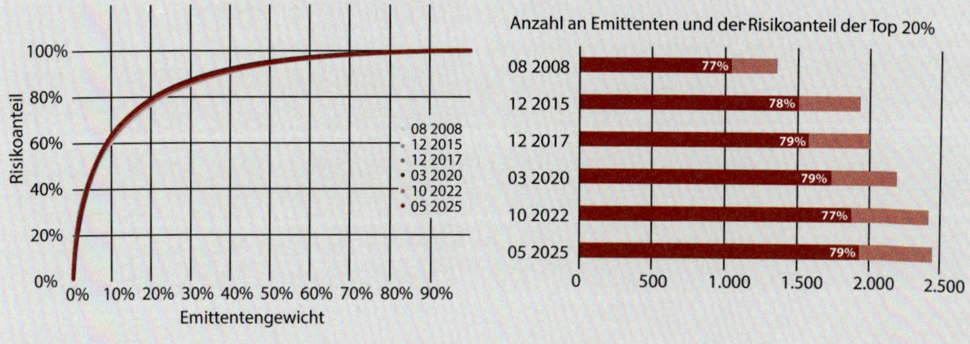

Quelle: Union Investment

2 ICE BofA Euro Corporate Index versus ICE BofA Euro Government Index

Überwachung. Historisch zeigt sich aber, dass nicht in jeden Emittenten investiert werden muss, um ein Risikoprofil in einem Portfolio zu erstellen, das einem Vergleichsindex (Benchmark) gleicht. Beobachtungen der letzten 20 Jahre zeigen, dass sich mit gut einem Fünftel der Emittenten bereits knapp vier Fünftel des Anlagerisikos aus einem globalen Universum für Unternehmensanleihen abdecken lässt.

Dieser Effekt wirkt transaktionskostenschonend und erlaubt die gezielte Auswahl bevorzugter Emittenten ohne stark vom Risikoprofil des Universums abzuweichen. Somit muss durch eine aktive Titelauswahl nicht zwingend das aktive Risiko des Portfolios zum Vergleichsuniversum erhöht werden.

Ein weiterer, nicht zu unterschätzender Faktor in einer Anlage mit Unternehmensanleihen stellt der aktive Neuemissionsmarkt dar. Jährlich werden mehr als 615 Platzierungen von über 310 Unternehmen emittiert, mehr als die rund 270 Platzierungen von staatlichen Emittenten.[3] Weil viele dieser Unternehmen weniger bekannt sind als große Emittenten wie beispielsweise europäische Kernstaaten, sind sie bereit, potenziellen Investoren eine Prämie bei der Emission anzubieten. Dies kann den Kauf dieser Anleihen attraktiver machen und bietet ein zusätzliches Ertragspo-

Abbildung 2: Durchschnittliche Neuemissionsprämie (NIP) pro Woche und durchschnittliche Zuteilungsquote

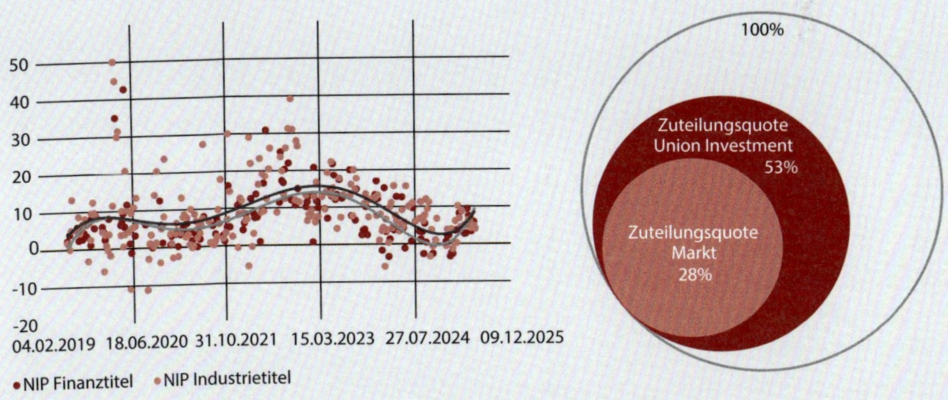

Quelle: Union Investment

3 Durchschnittliche Beobachtung seit Anfang 2020. Staatliche Emittenten beinhaltet neben rund 20 rein staatlichen Emittenten auch staatsnahe Emittenten wie Länder, Kommunen und Pfandbriefe

tenzial über die bonitätsbedingt höhere Rendite hinaus. Historisch liegt diese Prämie bei etwa zehn Basispunkten pro Neuemission. Ein breit aufgestelltes Analystenteam kann durch eine geschickte Auswahl und Analyse diese sogenannte Neuemissionsprämie (NIP) gezielt vereinnahmen. Je detaillierter seitens des Asset Managers die Platzierungen verfolgt und begleitet werden, desto ernsthafter fällt das Feedback an Banken und Unternehmen aus, was sich wiederum in einer besseren Zuteilung im Rahmen des Neuemissionsprozesses niederschlägt. Größere Investment-Adressen profitieren dabei von ihrer höheren Analysekapazität und erhalten bei Neuemissionen in der Regel eine bessere Zuteilung, wodurch der Neuemissionsprämien-Effekt noch verstärkt wird. Union Investment hat etwa seit 2020 eine durchschnittliche Zuteilung von etwa 53 Prozent erreicht, während die durchschnittliche Zuteilung im Markt bei circa 28 Prozent lag.

Neben der fundamental getriebenen Investitionsentscheidung erlaubt die zusätzliche Berücksichtigung von quantitativen Methoden ein nachgewiesenes, umsetzbares Ertragspotenzial. Dieser Ansatz, der quantitative Kennzahlen und transparente Wertpapiereigenschaften nutzt, um die Investitionsentscheidung zu prägen, existiert für Aktien bereits seit Jahrzehnten unter der Bezeichnung „faktorbasierter" oder „stilorientier-

Abbildung 3: Überschussertrag von Unternehmensanleihen mit hohem (rot) zu durchschnittlichem Faktorexposure (BondValue) und Equity Momentum). Konstanter positiver Beitrag durch die Differenz.

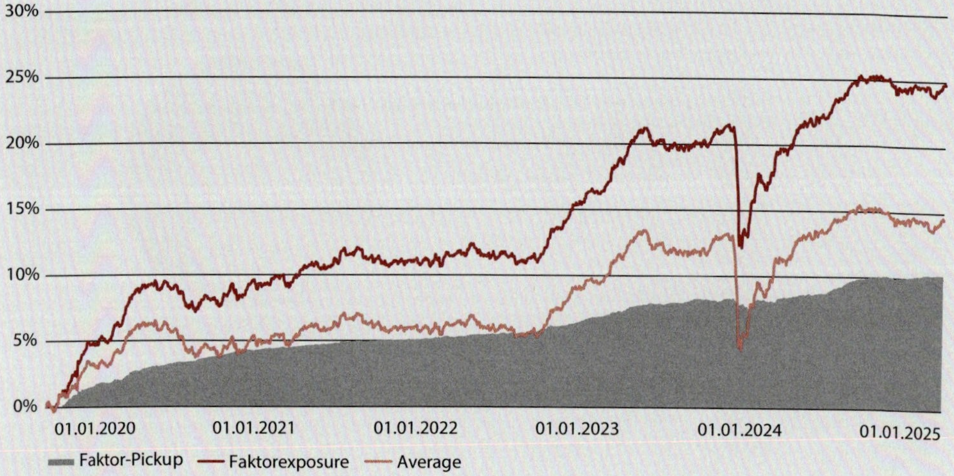

Quelle: Union Investment

ter" Anlage. Mittlerweile findet er auch im Unternehmensanleihenmarkt Anwendung. Beispielsweise bewertet der Multifaktor-Ansatz die relative Attraktivität jeder einzelnen Anleihe gegenüber Vergleichsanleihen mittels statistischer Methoden und berücksichtigt zudem für einen Emittenten, sofern das möglich ist, das Momentum des Aktienmarktes. Da die beiden Eigenschaften negativ korreliert sind, wirkt sich dieser Ansatz positiv auf die Diversifikation des Portfolios aus und stabilisiert die Rendite.

Demgegenüber ist der Markt für Staatsanleihen wesentlich effizienter und bietet somit nur geringes Potenzial für strukturierte Faktoransätze. Es zeigt sich zudem, dass die Verwendung des Faktoransatzes (quantitativ) gepaart mit der klassischen Fundamentalanalyse (fundamental) das Beste aus beiden Welten vereint („quantamental"). Die tiefgreifende Analyse der Unternehmen gestützt auf qualitative Daten und direkte Gespräche mit dem Management erlaubt eine gezielte Einschätzung der zukünftigen Entwicklung und erlaubt es, jene Anleihen zu identifizieren, die für ihr idiosynkratisches Risiko einen zu hohen oder niedrigen Risikoaufschlag zahlen. Der kombinierte Ansatz führt zu einem direkten, positiven Einfluss auf die erzielten Erträge und schützt vor Ausfällen. Die strukturierte Verknüpfung der Fundamentalanalyse mit quantitativen Methoden schöpft alle Ertragspotenziale für Unternehmensanleihen aus, die es in der Form im benachbarten Segment der Staatsanleihen nicht gibt.

Es zeigt sich, dass die Verwendung des Faktoransatzes gepaart mit der klassischen Fundamentalanalyse das Beste aus beiden Welten vereint.

Nachhaltigkeitsstrategien innerhalb der Wertanlage berücksichtigen

Auch was gezielte Nachhaltigkeitsstrategien betrifft, bieten Unternehmensanleihen ein deutlich besseres Umfeld. So lässt sich etwa ein Portfolio mit einem höheren ESG-Score oder einer geringeren CO_2-Intensität zu einem Vergleichsuniversum konstruieren. Auch die Ziele der Vereinten Nationen für Nachhaltige Entwicklung (SDG – Sustainable Development Goals) können berücksichtigt werden, da viele Unternehmen bereits darlegen, welcher Ertragsanteil aus welchem Ziel erwirtschaftet wird. Dies birgt zwar eine weitere Komplexität im Investitionsansatz, stellt jedoch bei einer integrierten Plattformlösung kein Hindernis dar, da alle relevanten qualitativen und quantitativen Daten zur Steuerung bereits vorliegen und in der Auswahl berücksichtigt werden können.

Abbildung 4: Einfluss auf das Alphapotential je nach Fokus auf ESG-Score (links) und CO_2-Intensität (rechts).

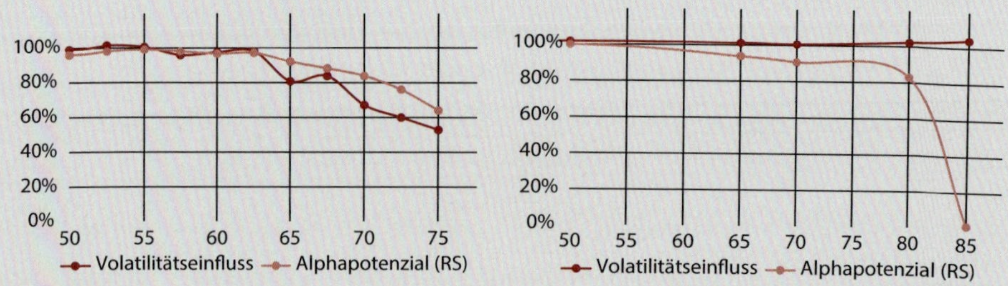

Quelle: Union Investment

Bezüglich des Ambitionsniveaus im Bereich Nachhaltigkeit lässt sich zudem analysieren, wie sehr sich die gewählte Strategie auf das Alphapotenzial auswirkt. Hierfür lassen sich regelbasiert Portfolios bestimmen, die bei vergleichbarer Risikoausprägung zu einer Benchmark[4] (d.h. vergleichbarer Duration, Rating, Sektorverteilung) die fundamentalen Empfehlungen des Portfoliomanagements und den Multifaktor-Score im Portfolio optimieren. Je nach ESG- oder CO_2-Grenze lassen sich Portfolios bilden und über die Zeit miteinander vergleichen. Mittels Backtests (der historischen Simulation einer entsprechenden Anlagestrategie) lässt sich zeigen, dass sich das Alpha-Potenzial gegenüber der Benchmark verringert, je strenger die Nachhaltigkeitsziele gesetzt werden. Das Alphapotenzial ist jedoch recht stabil für die ersten Nachhaltigkeitsschritte. Bei einem Dekarbonisierungsziel von 70 Prozent weniger CO_2-Intensität als in der Benchmark bleiben noch 80 Prozent des Alphapotenzials erhalten. Auch zeigt sich, dass die Verwendung eines höheren ESG-Scores für das Portfolio auch die Volatilität der Wertentwicklung reduziert hat.

Unternehmensanleihen können also nicht nur ein höheres Ertragspotenzial bieten, sondern auch ein effektives Mittel sein, um die hauseigene Nachhaltigkeitsstrategie im Bereich der bAV zu unterstützen, etwa hinsichtlich ihrer Ziele für Klima, ESG oder SDG.

4 ICE BofA Euro Corporate Index

Abbildung 5: Auszug repräsentativer und spezifischer Grenzen in der Portfoliogestaltung gegenüber einer Benchmark, die bereits in einer regelunterstützten Optimierung verwendet werden können.

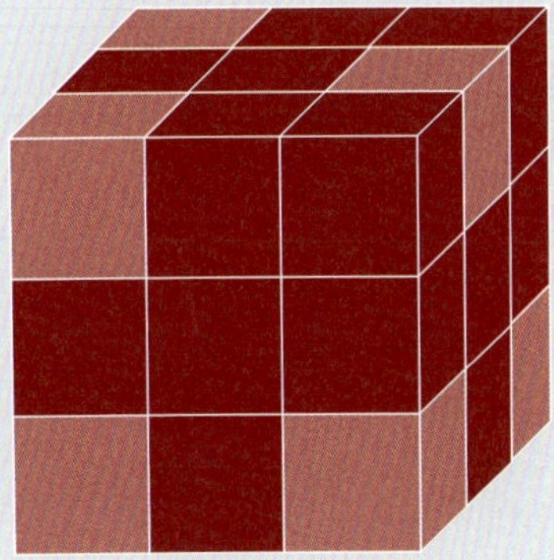

Quelle: Union Investment

Balance zwischen Risiko, Rendite und Nachhaltigkeit in der Euro IG Credit Strategie

Die Analyse zur Nachhaltigkeit zeigt, dass besonders bei Unternehmensanleihen das Portfolio ein Balanceakt zwischen Rendite und Risiko ist. Zu Beginn müssen im Rahmen der Anlagerichtlinien die Regeln und Freiheitsgrade bestimmt werden. Hierbei können neben klassischen Faktoren wie Sektoren oder Ratings auch Durations-Risiken oder der Ausschluss spezifischer Emittenten mittels Negativlisten berücksichtigt werden.

Die Zins- oder Inflationsimmunisierung stellt wegen fehlender Anleihen am ultra-langen Ende und der Langfristigkeit von Pensionsverbindlichkeiten ein Problem dar. Doch lassen sich Pensionsrisiken mittels einer derivativen Lösung unabhängig aussteuern. Mit einer integrierten Plattformlösung inklusive Optimierungsmethoden ist es möglich, alle relevanten Aspekte möglicher Wertbeiträge einer Unternehmensanleihe fürs Portfolio zu nutzen. Dies erlaubt es auf der Aktivseite nicht nur, einen höheren Ertrag gegenüber länger laufenden Staatsanleihen zu erzielen, sondern auch fortschrittliche Methoden wie Faktoransätze und die Berücksichtigung relevanter Nachhaltigkeitsziele umzusetzen. Eine Erweiterung des Portfolios über Derivate zur Zins- und Inflationssteue-

Abbildung 6: Exemplarisches Profil der Fälligkeiten von Pensionsanlagen und Pensions-Verbindlichkeiten pro Jahr

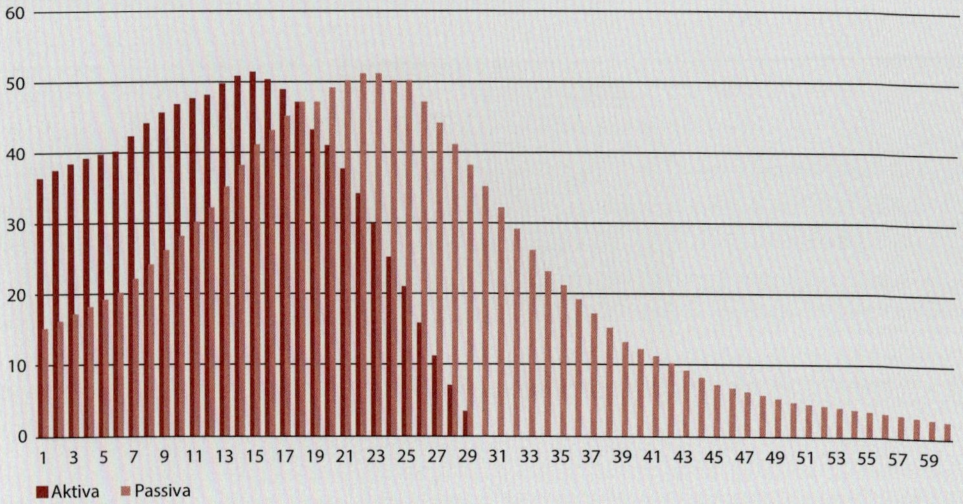

Quelle: Union Investment

rung kann zudem die mögliche Lücke zwischen Aktiv- und Passivseite schließen. Hier bietet sich die Integration eines Overlays in der Kapitalanlage des Pensionsplans an. Ziel ist, die Bewegungen der Barwerte auf der Passivseite durch geeignete Maßnahmen auf der Aktivseite zu harmonisieren beziehungsweise zu replizieren.

Harmonisierung der Zins- und Inflationsrisiken in der bAV trotz gezielter Anleihenstrategie

Derivate können ein probates Mittel sein, den Finanzierungsgrad der Pensionsverpflichtungen vor starken Zins- und Inflationsrisiken zu schützen. Zudem erlauben sie eine unabhängige Investition der Aktiva zur Steigerung des laufenden Ertrags.

Abbildung 6 zeigt beispielhaft das Profil der Fälligkeiten von Pensionsanlagen und -Verbindlichkeiten pro Fälligkeitslaufzeit. Die unterschiedliche Verteilung des Zins- und Inflationsrisikos stellt eine Herausforderung dar, da sich die Barwerte der Aktiv- und Passivseite bei Änderungen der Inflations- und Zinsstrukturkurve unterschiedlich stark verändern. Für die

Implementierung eines derivativen Overlays auf der Anlageseite müssen zunächst die Zins- und etwaigen Inflationssensitivitäten der Pensionsverbindlichkeiten ermittelt werden. Das Ergebnis ist ein Sensitivitätsprofil über die gesamte Laufzeit der Verbindlichkeiten, welches in „Dollar-Value of a Basispoint" (DV01)[5] ausgedrückt wird. Das DV01 gibt an, wie stark sich die Barwerte in den einzelnen Jahren ändern, wenn die Zins- oder Inflationskurve um einen Basispunkt parallel verschoben wird. Der Prozess wird für die Assets im Pensionsvehikel wiederholt. Schließlich wird die Differenz der DV01s berechnet, die sich aus den unterschiedlichen Flächen in Abbildung 6 ergibt. Diese Flächen zeigen, dass ein zu hohes DV01 im kurzen Laufzeitenbereich durch die ausschließlich dunklere Fläche dargestellt wird, während ein zu geringes DV01 am langen Ende durch die ausschließlich hellere Fläche angezeigt wird. Die Summe dieser Differenzen kann dann auf (mathematische) Stützstellen aggregiert und über Zins-Swaps mit entsprechend gegenläufigem DV01 ausgesteuert werden. Zu den verfügbaren Instrumenten gehören Euro-Zinsswaps mit Laufzeiten von bis zu 50 Jahren sowie Zero-Coupon-Inflationsswaps mit Laufzeiten von bis zu 30 Jahren.

Diskussion der Vorteile eines aktiven Managers

Ein aktiver Asset Manager bietet entscheidende Vorteile bei der Verwaltung eines solchen komplexen Mandats. Die Implementierung lässt sich an einen externen Manager auslagern, was sich besonders aus Gründen der Komplexität und der Verbindung mit einem aktiven Credit-Mandat als sinnvoll erweist. Spezialfondshüllen bieten dabei ein effizientes Vehikel für umfassenden Marktzugang. Während bilaterale Geschäfte mit Banken ebenfalls möglich sind, hängt der Preis der Swaps stark von der Besicherungsvereinbarung ab, insbesondere bei sehr langen Swaps. Mit professionellem Management können die Swaps des Overlays gecleart, also über eine zentrale Gegenpartei gehandelt werden, beispielsweise an der Eurex oder der LCH. Im Clearing ist die Besicherung standardisiert und hat keinen Einfluss mehr auf den Preis der Swaps. Nebst Barmitteln können für die Initiale Margin der Swaps auch Staatsanleihen oder sogar Unternehmensanleihen hinterlegt werden, während die Variation Margin durch Barmittel bedient wird. Diese Standardisierung senkt die Transakti-

Während bilaterale Geschäfte mit Banken ebenfalls möglich sind, hängt der Preis der Swaps stark von der Besicherungsvereinbarung ab, insbesondere bei sehr langen Swaps.

5 Das DV01 wird bei Euro-Derivaten in Euro ausgewiesen, auch wenn der Name etwas anderes suggeriert.

onskosten erheblich, und gleichzeitig können individuelle Kundenwünsche berücksichtigt und – bei Bedarf – taktische Anpassungen vorgenommen werden.

Die korrekte Umsetzung erfordert die Berücksichtigung von Faktoren, die einen erheblichen Einfluss auf das Ergebnis haben können, also auf die Immunisierung des Finanzierungsgrades der Pensionsverpflichtungen. Die Swap-Coupons beeinflussen die Verteilung des Swap-DV01s deutlich. Zwei Swaps mit gleicher Laufzeit und gleichem DV01 können unterschiedliche Verteilungen des DV01s aufweisen. Ein Nullkupon-Swap konzentriert die gesamte Zinssensitivität auf das Fälligkeitsjahr, während ein Drei-Prozent-Swap fast 40 Prozent des Gesamt-DV01s auf die Jahre vor der Fälligkeit verteilt. Dies resultiert aus den Fixkuponzahlungen, die ebenfalls zinssensitiv sind.

Abbildung 7 illustriert die zeitliche Verteilung des DV01s von zwei 30-jährigen Receiver-Swaps mit drei Prozent und null Prozent Zins. Beide Swaps haben in Summe ein Gesamt-DV01 von etwa Euro 100.000. Bei einer praktischen Aussteuerung sollte mit der längsten Laufzeit begonnen werden, da Kupons einen Teil des Zinsänderungsrisikos der vorhergehenden Stützstellen aussteuern. Änderungen in der Zinsstruktur über die Zeit können so zu stark variierenden DV01-Verteilungen zwischen Overlay und Benchmark führen, wenn dieser Effekt nicht berücksichtigt wird.

Abbildung 7: Zeitliche Verteilung des DV01s (y-Achse) von zwei 30-jährigen Receiver-Swaps mit 3 Prozent und 0 Prozent Zins. Beide Swaps haben in Summe ein Gesamt-DV01 von ca. EUR 100.000.

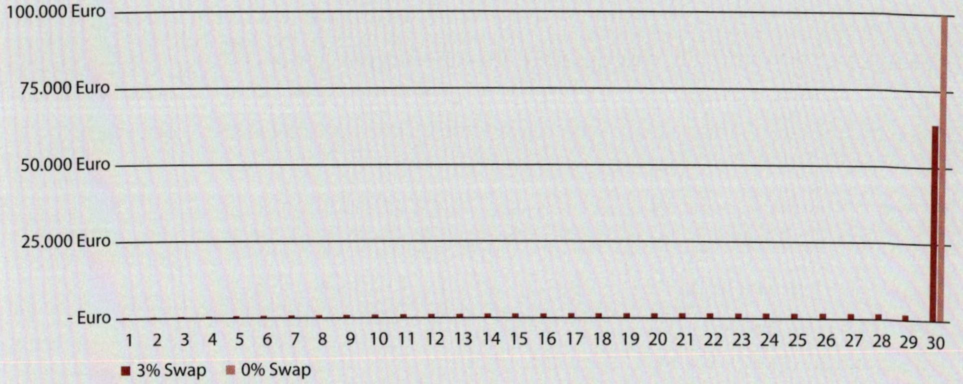

Quelle: Union Investment

Im Bereich des Inflationsrisikos werden am Markt die zugehörigen Swaps als „Zero-Coupon" (Nullkupon)-Swaps gehandelt. Jeder Zahlungsstrom wird über die gesamte Laufzeit erfasst, doch die Glattstellung der Zahlungsströme erfolgt erst zum Ende der Fälligkeit. Dies erlaubt eine punktgenaue Platzierung des Inflations-DV01s, und der zuvor genannte Effekt aus den Kupons schlägt sich hier nicht nieder. Während der Laufzeit kann sich aber ein unrealisierter Gewinn oder Verlust bei den Swaps bilden, deren Nettobarwert (Net Present Value, NPV) die barwertige Nettozahlung darstellt und ebenfalls zinssensitiv ist. Zwischen Inflations- und Zins-Overlay kann somit ein bedeutender Interaktionseffekt entstehen, der bei der Anpassung beziehungsweise Aussteuerung des Zinsrisikos berücksichtigt werden sollte.

Diskussion um die Benchmark

Um das Alpha des Managers zu messen, ist die Benchmark ein wesentlicher Bestandteil. Ebenso wichtig ist eine Benchmark aber auch in Bezug auf das Swap-Overlay, nämlich, um die Qualität der Implementierung und die Handelskosten zu bewerten. Verschiedene Indexanbieter wie ICE oder Bloomberg bieten mittlerweile Indizes mit Swapkomponenten an, die sich gut in die Benchmark-Komponenten übersetzen lassen, welche die Zins- und Inflationssensitivität der Pensionsverpflichtungen replizieren. Solche Benchmark-Indizes rebasieren monatlich auf ihre ursprüngliche Laufzeit und tauschen die Swaps entsprechend gegen solche mit dem aktuellen Marktkupon. Aus Kostengründen wird das Overlay nicht jeden Monat vollständig erneuert, sondern nur an entsprechenden Laufzeitenpunkten über das Eröffnen neuer Swap-Positionen und das Reduzieren vorhandener optimiert. Somit wird nur die auflaufende Differenz (Delta) ausgesteuert und nicht das gesamte Absicherungsvolumen, was die Transaktionskosten senkt.

Jeder Zahlungsstrom wird über die gesamte Laufzeit erfasst, doch die Glattstellung der Zahlungsströme erfolgt erst zum Ende der Fälligkeit.

Fazit

Die Verwendung eines derivativen Overlays erlaubt größere Freiheitsgrade für die Auswahl der Pensionsaktiva. Beispielsweise lassen sich diese nutzen, um durch den Einsatz von Unternehmensanleihen neue Ertragspotenziale zu berücksichtigen. Neben dem möglichen Mehrertrag aus der Fundamentalanalyse bieten Unternehmensanleihen strukturelle

Alphaquellen wie das Neuemissionsgeschäft oder aktuelle und bewährte quantitative Ansätze. Auch lässt sich damit eine gezielte, individuelle Nachhaltigkeitsstrategie in die Anlage integrieren. Über ein so genanntes Swap-Overlay lässt sich schließlich die Differenz in der Zins- und Inflationssensitivität der Pensionsverpflichtungen gezielt aussteuern. Die Aufgabe ist komplex, denn es gilt alle relevanten Interaktionseffekte zu berücksichtigen, sei es das sich verändernde Zinsumfeld und deren Einfluss auf die Kupons neuer Swaps oder die zusätzliche Zinssensitivität aus unrealisierten Gewinnen im Swap-Overlay. Durch ein aktives Management innerhalb einer individuellen Fondshülle können diese Herausforderungen jedoch gemeistert werden. Nicht zuletzt erlaubt eine Handelsstrategie, die sich auf die fortlaufende monatliche Veränderung der Zins- und Inflationsrisiken innerhalb der Pensionsaktiva und -passiva der betrieblichen Altersvorsorge konzentriert, eine kosteneffiziente Aussteuerung. Damit ist nicht nur der Ausfinanzierungsgrad der Pensionsverpflichtungen gesichert, sondern er lässt sich durch eine aktive Performance noch verbessern. ●

Strategiewechsel in der bAV

Kapitalanlage zwischen Zinswende, Geopolitik und Regulierung

Von Thomas Nitschke, CFA und Christoph von Scheurl, CFA

Kapitalanlage in der betrieblichen Altersversorgung (bAV) befindet sich im strukturellen Wandel. Die Zinswende, geopolitische Spannungen und neue regulatorische Impulse stellen bewährte Allokationslogiken auf den Prüfstand. Zugleich rücken mit neuen regulatorischen Impulsen Infrastrukturinvestments stärker ins Zentrum der Debatte. Dieser Beitrag ordnet den Wandel entlang dreier Entwicklungslinien: Kapitel eins bietet einen Rückblick auf das Kapitalmarktumfeld bis 2022. Kapitel zwei und drei analysieren die Reaktionsmuster institutioneller Anleger auf Zinswende und geopolitische Umbrüche. Kapitel vier beleuchtet neue Spielräume für Infrastrukturinvestments. Die Analyse basiert auf praktischen Erfahrungen als Assetmanager und Berater bei der Steuerung von Pensionsvermögen.

Wer während Corona investiert blieb, wurde belohnt.

1. Rückblick vergangene Dekade

In der vergangenen Dekade bis 2022 standen viele Entscheider in der bAV-Kapitalanlage vor einer strategischen Herausforderung. Klassische Anlagen in sichere Staatsanleihen oder Einlagen waren im Negativzinsumfeld nicht nur unattraktiv, sondern führten teils auch zu Kapitalverlusten. In Folge eröffneten sich diese Anleger verstärkt für breitere Kapitalmarktstrategien: Über Spezialfonds erweiterten sie den Zugang zu neuen Anlagechancen, erhöhten bewusst ihre Zins- und Spreadrisiken und berücksichtigen illiquide Investments stärker im Portfolio. Gleichzeitig ermöglichte die Professionalisierung der Anlageprozesse auch die zunehmend komplexeren Anforderungen an Regulatorik und Risk-Management.

Die Auswirkungen der Corona-Pandemie stellte die neue Anlagelogik auf die Probe. Aber wer investiert blieb, wurde belohnt. In Summe war diese Phase geprägt von wachsender Professionalität, breiterer Diversifikation und dem Vertrauen in Kapitalmärkte als tragfähige Renditequelle. Die

Absolute und relative Asset Klassen Performance (in Euro, 2014-2021), Tabelle 1

Anlageklasse[1]	Absolute Performance	Relative Performance
A. Aktien Europa	84,6 Prozent	86,9 Prozent
B. Staatsanleihen	16,3 Prozent	18,6 Prozent
C. Pfandbriefe	8,7 Prozent	11,0 Prozent
D. Unternehmensanleihen	23,0 Prozent	25,4 Prozent
E. Renten Emerging Markets	32,1 Prozent	34,4 Prozent
F. Hochzinsanleihen	39,0 Prozent	41,4 Prozent
G. Geldmarkt	– 2,4 Prozent	–

1 A. EURO STOXX, B. iBoxx Eurozone 1-10, C. iBoxx Euro Germany Covered, D. iBoxx Euro Non-Financials, E. JPM EMBI Global Div. Euro Hedged, F. BofA Merrill Lynch Euro High Yield BB-B rated Constrained, G. EONIA

Quelle: Bloomberg, eigene Berechnungen. Relative Performance ggü. EUR-Geldmarkt. Zeitraum: 01.2014 bis 12.2021

Tabelle 1 zeigt die Outperformance gängiger Assetklassen gegenüber dem Geldmarkt.

2. Zinswende und Reaktionsmuster

Die EZB erhöhte ihren Leitzins von -0,5 Prozent im Juli 2022 auf 4,0 Prozent im September 2023.

Ab Mitte 2022 änderte sich Kapitalmarktumfeld grundlegend. Angesichts der weltweit stark anziehenden Inflation sahen sich die Notenbanken gezwungen, mit deutlichen Zinserhöhungen zu reagieren, zunächst zögerlich, dann mit wachsender Entschlossenheit. So erhöhte die EZB ihren Leitzins von -0,5 Prozent im Juli 2022 auf 4,0 Prozent im September 2023.

Diese Entwicklung leitete eine Zeitenwende am Kapitalmarkt und bei der bAV-Kapitalanlage ein. Denn mit steigenden Leitzinsen gingen auch höhere Renditen am langen Ende einher – ein Umfeld, das viele Investoren zu einer Neubewertung ihrer Risikoposition und in der Folge zu einem „De-Risking" ihrer Allokation veranlasste.

Trotz grundsätzlich begrüßter Zinsanstiege mussten viele Investoren zunächst einen schmerzhaften Anpassungsprozess durchlaufen. Defensiv eingeschätzte Anlagen, wie europäische Pfandbriefe, verloren über 10

Prozent an Marktwert und fielen in der Performance auf den Stand von 2013 zurück. Auch Aktien schwächelten und selbst die oft als resistent eingeschätzten Immobilien gerieten unter Druck. Nur wenige Alternative Assets, wie Infrastruktur-Investments, lieferten weiterhin stabile Ergebnisse. In Summe war das Jahr 2022 für viele Investoren ein herausforderndes Jahr – selbst bei guter Diversifikation.

Welche Reaktionen zeigten Investoren auf das neue Zinsumfeld?

Hinweis: Die nachfolgenden Ausführungen fokussieren sich auf die Ausfinanzierung klassischer Leistungszusagen. Bei modernen Defined-Contribution-Modellen wie Life-Cycle-Konzepten blieb die Kapitalanlage bislang weitgehend unverändert.

2.1. Liquiditätsfalle: Kurze Laufzeiten als Scheinlösung

Mit dem Zinsanstieg wurden auch der Geldmarkt und kurzlaufende Anleihen wieder als vermeintlich risikoarme Alternativen attraktiv. Viele Entscheider zeigten sich zumindest kurzfristig versucht, diese „Chance" taktisch zu nutzen und ihre Kapitalmarktpositionen vorübergehend zu reduzieren. Entsprechend intensiv wurde diskutiert, ob es sinnvoll sei, die kurzfristig attraktiven Zinsen zu nutzen oder strategisch investiert zu bleiben.

Unabhängig davon, dass bei einer solchen Fragestellung stets auch die Cash-Flows der Verbindlichkeiten zu berücksichtigen sind, zeigen historische Analysen ein klares Bild: Zeitlich begrenzte Umschichtungen in den Geldmarkt haben sich selten ausgezahlt. Zur Veranschaulichung haben wir simuliert, wie sich eine kontinuierlich gehaltene Aktien-Renten-Allokation im Vergleich zu temporären Umschichtungen in den Geldmarkt historisch entwickelt hätte (siehe Abbildung 1).[1] Das Ergebnis ist eindeutig – ein solches taktisches „Timing" hätte erheblich Rendite gekostet.

Mit dem Zinsanstieg wurden auch der Geldmarkt und kurzlaufende Anleihen wieder als vermeintlich risikoarme Alternativen attraktiv.

2.2. CDI-Strukturen: Rückkehr planbarer Cash-Flows

Die gestiegenen Zinsen eröffnen neue Spielräume, um Pensionsportfolios strukturierter aufzustellen. Abhängig von der Cash-Flow-Struktur der

1 Annahmen: monatliche Rebasierung; alternative Allokation vom Zins-Peak bis zur letzten Zinssenkung des jeweiligen Zinssenkungszyklus, Total Return Indizes basieren auf S&P 500 Index, BBG US Gov/Credit Bond Index, Fed Target Rate

Abbildung 1: Entwicklung Allokationsvarianten

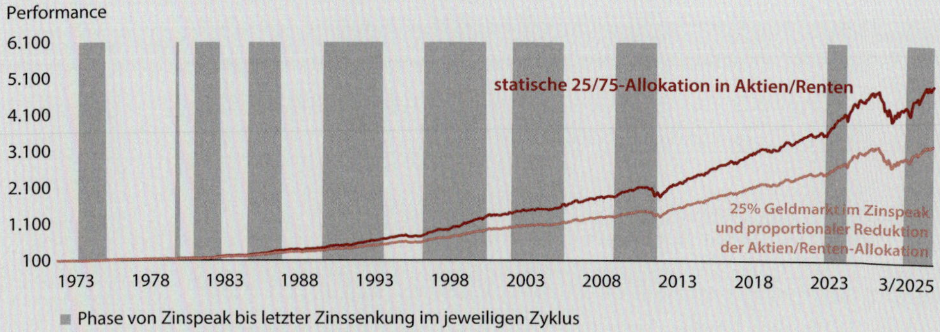

Quelle: Indizes: A. EURO STOXX, B. iBoxx Eurozone 1-10, C. iBoxx Euro Germany Covered, D. iBoxx Euro Non-Financials, E. JPM EMBI Global Div. Euro Hedged, F. BofA Merrill Lynch Euro High Yield BB-B rated Constr. Sowie EONIA als Proxy für den Geldmarkt, Stand: März 2025

Verbindlichkeiten und dem jeweiligen Ausfinanzierungsgrad haben Entscheider reiferer Pensionsplänen begonnen, ihre Kapitalanlage – konzeptionel wie operativ – in zwei Segmente zu gliedern:

Zum einen in einen Cash-Flow-Driven-Investment (CDI)-Topf, in dem die kurz- bis mittelfristigen Zahlungsverpflichtungen durch Held-to-Maturity Anlagen abgesichert werden. Zum anderen in einen Multi-Asset-Topf, der – wie bisher – die längerfristigen Verpflichtungen über eine strategische Asset Allokation adressiert, deren Ertragserwartungen sich maßgeblich am Rechnungszins orientiert.

Segmentierung stärkt die Resilienz der Kapitalanlage.

Diese Segmentierung stärkt die Resilienz der Kapitalanlage, da Verluste im strategischen Portfolio in schwachen Marktphasen nicht unmittelbar liquiditätswirksam werden. Zugleich erhöht sie die Chance, von späteren Markterholungen substanziell zu profitieren – ein Faktor, der langfristig auch die risikoadjustierte Rendite verbessern kann.

Vorausgesetzt, dass die Zinsstrukturkurve weiterhin tragfähige Renditen im kurz- bis mittelfristigen Bereich bietet – etwa im Rahmen von Held-to-Maturity-Strukturen –, dürfte sich die Kombination aus CDI- und Multi-Asset-Segmenten als nachhaltiges Modell in der bAV-Kapitalanlage etablieren.

Abbildung 2: HGB Rechnungszinsen versus Rendite deutscher Staatsanleihen

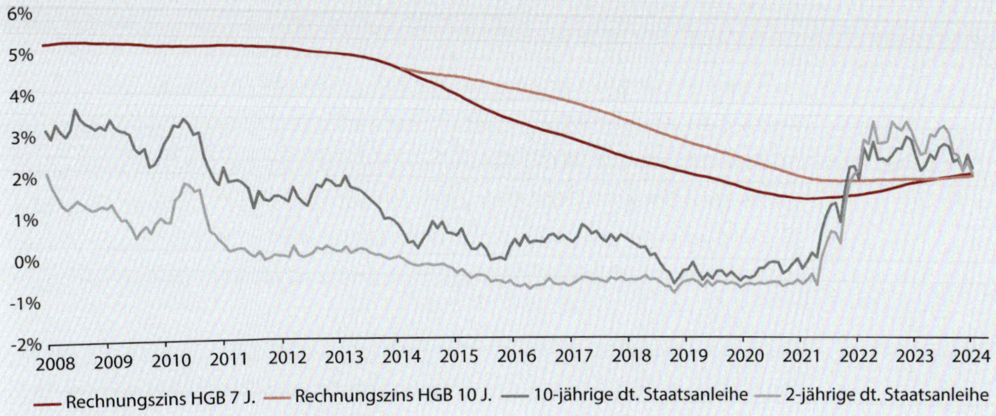

Quelle: Bloomberg, eigene Berechnungen, Stand: März 2025

2.3. Strategische Allokation neu justiert

Die Zinswende hat nicht nur taktische Umschichtungen ausgelöst, sondern auch strukturelle Anpassungen in der strategischen Asset Allokation vieler bAV-Investoren angestoßen. Denn risikoarme Anlagen, wie Staatsanleihen oder Pfandbriefe, bieten nun wieder attraktive Renditen und dies oft oberhalb des HGB-Rechnungszinses (siehe Abbildung 2).

In der Folge ist bei vielen Anlegern eine schrittweise Reduktion risikoreicherer Positionen zu beobachten, insbesondere im Bereich der strategischen Aktienquote. Die bewährte Allokationslogik aus liquiden und illiquiden Investmentbausteinen bleibt jedoch weitgehend erhalten. Insgesamt wirkt sich dieses „De-Risking" positiv auf zentrale Risikokennzahlen aus: Sowohl die erwartete Volatilität als auch der potenzielle Maximum Drawdown eines Portfolios sinken – und kann so zur bilanziellen Stabilität beitragen.

2.4. LDI in Deutschland: HGB-Pensionspläne dominieren

Kapitalanlagen, die nach IFRS bewertet werden, waren von der Zinswende nicht in gleicher Weise betroffen wie HGB-Strukturen – insbesondere, da der Barwert der Verpflichtungen dort marktnäher abgebildet wird. In Deutschland dominieren jedoch weiterhin Pensionspläne mit HGB-Komponente – selbst bei M&A-Transaktionen, da HGB-Garantien

Die Zinswende hat nicht nur taktische Umschichtungen ausgelöst.

meist integraler Bestandteil bleiben. In diesem Umfeld erscheint eine Kombination aus CDI-Ansatz und strategischer Multi-Asset-Allokation, wie zuvor beschrieben, als praktikable Lösung.

Auffällig ist zudem: Längere Laufzeiten gewinnen in der Ausfinanzierung wieder an Attraktivität. Zwar ist ein vollständiges Duration-Matching noch nicht erreicht, doch das bisherige Gap hat sich durch höhere Zinsen am langen Ende spürbar reduziert. Ein echtes LDI im engeren Sinn bleibt in Deutschland allerdings die Ausnahme, nicht zuletzt aufgrund der bilanziellen Rahmenbedingungen, und dies ist vielleicht auch gut so.

Ein echtes LDI im engeren Sinn bleibt in Deutschland allerdings die Ausnahme.

Denn das Jahr 2022 hat auch deutlich gemacht, dass derivative LDI-Strategien nur bedingt belastbar sind: So führte zum Beispiel der starke Renditeanstieg in Großbritannien zu massiven Margin Calls, die Fonds zu Notverkäufen zwangen und prozyklische Marktverwerfungen sowie eine Intervention der Bank of England zur Folge hatten. Die britische LDI-Krise zeigt exemplarisch, dass Strategien mit hohem Derivateeinsatz in Stressphasen erhebliche Liquiditätsrisiken bergen. Ein Aspekt, der bei der Diskussion um ein deutsches LDI-Modell nicht außer Acht gelassen werden sollte.

3. Geopolitische Wende

3.1. Regimewechsel in Washington

Seit dem zweiten Amtsantritt von Donald Trump deutet sich eine erneute Zeitenwende an. Zwar bleibt Geopolitik schwer prognostizierbar, doch strukturelle Verschiebungen sind bereits sichtbar: Veränderungen im globalen Handelssystem, ein Rückbau regulatorischer Standards – etwa bei ESG – sowie ein höheres Risiko politischer Markteingriffe wie Zölle oder Exportkontrollen.

Solche Entwicklungen können Anlagemärkte tiefgreifend verändern und sollten in der strategischen Allokation berücksichtigt werden. Dies betrifft einerseits die internationale Diversifikation, um Klumpenrisiken zu verringern, anderseits eine breitere Streuung, um gezielt von begleitenden Chancen – etwa im Rahmen der „Agenda 2030" – zu profitieren.

3.2. Neue Spielregeln im Welthandel

- **Veränderungspfade**

Geopolitische Umbrüche wirken häufig in zwei Phasen: zunächst über einen Schock im Diskontierungsfaktor – etwa durch steigende Risikoaufschläge – und langfristig durch strukturelle Veränderungen in Ertragskraft und Wettbewerbsfähigkeit ganzer Volkswirtschaften. Während sich erste Marktreaktionen meist rasch normalisieren und schwer prognostizierbar sind, entfalten tiefgreifende Veränderungen ihre Wirkung über Jahre und lassen sich besser analysieren und einordnen.

Regulierungen und kapitalintensive Technologien führen zu strukturellen Anpassungen.

Der Brexit verdeutlicht dieses Muster: Auf einen anfänglichen Marktschock folgten erst verzögert strukturelle Anpassungen und dies zudem in geringerem Ausmaß als vielfach erwartet.

Für Anleger heißt das: Strategische Annahmen sollten regelmäßig überprüft und politische Entwicklungen frühzeitig ins Risikomanagement übersetzt werden. Aktuell rücken dabei zwei Brennpunkte in den Fokus: die hohe Gewichtung des US-Aktienmarkts in globalen Indizes und mögliche Strukturveränderungen im US-Staatsanleihemarkt.

- **Startpunkt der Debatte: Abhängigkeit vom US-Aktienmarkt**

US-Aktien dominieren mit rund 70 Prozent den MSCI World Index – getrieben von kapitalmarktbasierten Indexmethoden und der starken Performance weniger „Superstar"-Unternehmen. Diese Firmen profitierten lange von Skaleneffekten, einer günstigen Besteuerung und globalen Lieferketten.

Doch diese Erfolgsfaktoren geraten unter Druck: Regulierungen, geopolitische Spannungen und kapitalintensive Technologien wie KI verändern die Margenstruktur. Zudem gefährden protektionistische Tendenzen die internationale Arbeitsteilung.

Gleichzeitig hat sich der Anteil ausländischer Investoren am US-Markt auf über 20 Prozent verdoppelt (siehe Abbildung 3). Diese globale Kapitalabhängigkeit erhöht die politische Verwundbarkeit. Eine breitere regionale Streuung erscheint vor diesem Hintergrund strategisch sinnvoll.

Abbildung 3: Anteil internationaler Investoren am US-Markt

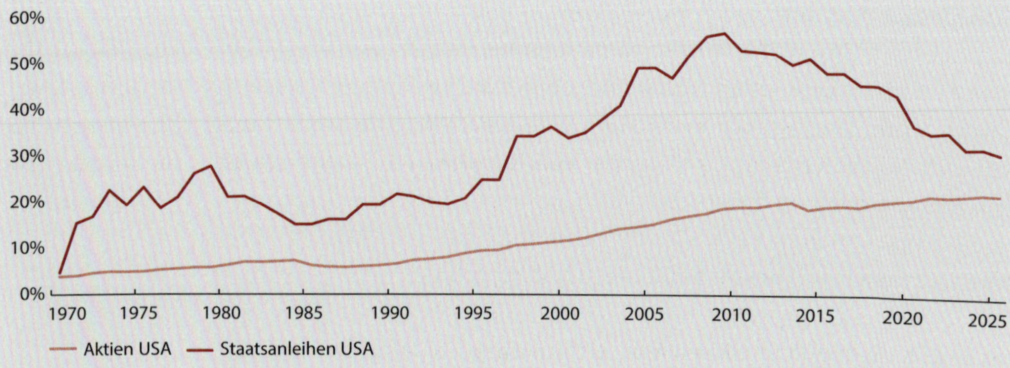

Quelle: JPM, eigene Berechnungen. Stand Q2 2025

- **US-Staatsanleihen als wachsendes Spannungsfeld**

Neben den US-Aktien rückt auch die Allokation von US-Staatsanleihen in den Fokus. Zwar bleibt die herausragende Stellung des US-Treasury-Marktes aufgrund seiner Tiefe, Liquidität und Rolle als Reservewährung vorerst unangefochten. Dennoch zeichnen sich Veränderungen ab, die langfristig strategische Relevanz gewinnen könnten.

Zum einen ist zu erwarten, dass die Emissionsvolumina infolge wachsender US-Haushaltsdefizite weiter ansteigen werden. Zum anderen ist der Anteil ausländischer Investoren am US-Treasury-Markt seit den 2010er-Jahren rückläufig, teils infolge zurückhaltenderer Allokationen asiatischer Zentralbanken. In Anbetracht der internationalen Spannung dürfte sich dieser Trend fortsetzen.

Neben den US-Aktien rückt auch die Allokation von US-Staatsanleihen in den Fokus.

Die Folge: Ein wachsender Anteil neu emittierter Anleihen könnte künftig von preissensitiveren Käufern, etwa Hedgefonds, Banken oder anderen kurzfristig orientierten Marktteilnehmern, absorbiert werden müssen. Damit steigen die Anforderungen an das Renditeprofil langfristiger US-Staatsanleihen. Höhere Laufzeitprämien und eine höhere Sensitivität zu Bonitätsfragen sind denkbare Konsequenzen – mit Relevanz für die strategische Steuerung von Zinsrisiken in der bAV, wie bereits im Kontext des De-Risking in Kapitel zwei thematisiert.

3.3. Streuung als Stabilitätsanker

Im geopolitischen Umbruch gewinnen drei Allokationspfade an Bedeutung: Schwellenländer, kürzere Laufzeiten im Zinssegment und Infrastruktur. Sie bieten jeweils unterschiedliche, aber komplementäre Antworten auf die gestiegenen politischen und makroökonomischen Unsicherheiten und können gemeinsam die Resilienz bAV-orientierter Portfolios stärken.

Erstens, Schwellenländer bieten in geopolitischen Stressphasen potenziell stabilisierende Eigenschaften: Viele dieser Volkswirtschaften sind weniger stark in westlich dominierte Lieferketten eingebunden und verfügen oft über natürliche Ressourcen, die etwa bei Ölkrisen ausgleichend wirken können. Letzteres gilt vor allem für EM-Staatsanleihen. Hinzu kommen attraktive Aktienbewertungen und positive Realrenditen, die zu höheren langfristigen Ertragserwartungen beitragen.

Zweitens, bei Industrieländer-Staatsanleihen könnte es sinnvoll sein, die Durationsverlängerung der letzten Jahre zu überprüfen und sich stärker auf kurze bis mittlere Laufzeiten zu fokussieren. Angesichts steigender Emissionsvolumina, etwa im US-Markt, und wachsender Abhängigkeit von preissensitiven Investoren steigt das Risiko wachsender Laufzeitprämien. Infrastrukturinvestments könnten eine Ergänzung für das Matching langfristiger Cash-Flows bieten.

Im geopolitischen Umbruch gewinnen drei Allokationspfade an Bedeutung.

Drittens, Infrastrukturinvestitionen gewinnen weiter an Relevanz – nicht nur aufgrund ihrer niedrigen Korrelation zu traditionellen Anlageklassen, sondern auch wegen ihrer realwirtschaftlichen Verankerung und langfristigen Planbarkeit. Förderprogramme wie die „Agenda 2030" oder nationale Dekarbonisierungsstrategien eröffnen neue Investitionsfelder. Zugleich bieten indexierte Zahlungsströme, regulierte Erlösmodelle und langfristige Cash-Flow-Stabilität, typischerweise über 10 bis 15 Jahre investiert, ein attraktives Profil für die Verpflichtungsstruktur der bAV. Gleichzeitig stellt die eingeschränkte Handelbarkeit auch höhere Anforderungen an das Liquiditätsmanagement, bietet jedoch im Gegenzug auch eine Prämie für Illiquidität und mehr Planungssicherheit bei Held-to-Maturity-Strukturen.

Investorenverhalten: Noch keine Trendwende erkennbar

Eine grundlegende strategische Neuausrichtung institutioneller Portfolios ist bislang nicht zu beobachten. Gleichwohl verdichten sich die Signale für eine Phase der Neugewichtung mit wachsendem Augenmerk auf regionale Diversifikation, geopolitische Resilienz und realwirtschaftliche Anker.

Während größere Investoren ihr US-Exposure zunehmend hinterfragen, zeigt sich bei kleinen und mittleren bAV-Anlegern in Deutschland ein umgekehrtes Bild: Ihre Portfolios weichen ohnehin deutlich von globalen Indexgewichten ab – oft mit geringerem US-Anteil und begrenzter internationaler Streuung. Das wirkt kurzfristig stabilisierend, kann langfristig jedoch zu verpassten Chancen führen – etwa im Bereich wachstumsstarker Schwellenländer.

4. Regulatorik: Neuer Rahmen für Infrastruktur-Investments

Der wachsende Bedarf an langfristig stabilen Cash-Flows schafft neue Anknüpfungspunkte.

Im Zuge der wachsenden Professionalisierung institutioneller Kapitalanlagen haben viele bAV-Investoren illiquide Anlageklassen strategisch in ihre Portfolios integriert. Der wachsende Bedarf an langfristig stabilen Cash-Flows – etwa im Rahmen von CDI-Strategien – sowie die geopolitischen Umbrüche schaffen neue Anknüpfungspunkte, um diese Allokationen heute weiterzuentwickeln. Infrastrukturinvestments rücken dabei stärker in den Fokus – sowohl als stabilisierender Portfolio-Baustein als auch als Beitrag zur Finanzierung zentraler gesellschaftlicher Infrastruktur. Diesem gestiegenen Stellenwert trägt nun auch der Gesetzgeber Rechnung: mit einem erweiterten regulatorischen Rahmen, der neue Spielräume für Infrastrukturinvestitionen eröffnet.

Im Februar 2025 ist die Verordnung des Bundesministeriums der Finanzen (BMF) zur Änderung der Anlageverordnung in Kraft getreten. Dabei wurde auch eine neue Infrastrukturquote in Höhe von 5 Prozent des Sicherungsvermögens eingeführt. Sie gilt zusätzlich zu bestehenden Quoten und stellt damit ein echtes Plus von fünf Prozentpunkten dar.

Die Quote ist nicht Teil der Risikokapitalquote von 35 Prozent. Zudem ist sie weder exklusiv noch vorrangig: Infrastrukturinvestments können weiterhin über andere Paragrafen des § 2 Abs. 1 AnlV oder bestehende Quoten abgebildet werden. Anleger haben die Wahlmöglichkeit, wie sie die Infrastrukturquote nutzen – je nach individueller Auslastung. Auch ist der Begriff „Infrastruktur" bewusst weit gefasst. Die Definition umfasst direkte und indirekte Anlagen sowie Eigen- und Fremdkapitalinvestments. Einzige Voraussetzung: Die Investitionen müssen weiterhin die materiellen Anforderungen der einschlägigen Paragrafen – etwa Nr. 13b (PE-Dachfonds) oder Nr. 17 (alternative Fonds) – erfüllen. Eine reine Nutzung der Öffnungsklausel ohne inhaltliche Übereinstimmung ist nicht zulässig.

Auch wenn es noch zu früh ist, um Aussagen zu Investorenreaktionen zu treffen, bietet die Erfahrung aus NRW erste Tendenzen: Dort gilt seit März 2021 eine eigene Infrastrukturquote für berufsständische Versorgungswerke. Von 15 Einrichtungen haben 14 eine Erhöhung beantragt. Einige haben die neuen Quoten bereits vollständig genutzt. Auch wenn sich diese Erfahrungen nicht pauschal übertragen lassen, zeigt sich: Der neue Rahmen eröffnet erkennbaren Spielraum für eine gezieltere und strategisch fundierte Ausrichtung der Kapitalanlage in der bAV.

Tragfähig sind Ansätze, die Cash-Flow-Steuerung mit strategischer Marktbindung verbinden.

Ausblick: Kapitalanlage im Wandel

Der Kapitalmarktumbruch ist kein vorübergehendes Phänomen, sondern Ausdruck einer neuen Realität: eines Umfelds mit höheren Zinsen, veränderten geopolitischen Rahmenbedingungen und wachsenden Anforderungen an die Ausfinanzierung langfristiger Verpflichtungen und damit an Diversifikation und Planbarkeit.

Für bAV-Investoren ergibt sich daraus eine doppelte Aufgabe: Portfolios resilienter aufzustellen und gleichzeitig neue Allokationspotenziale wie Infrastruktur gezielt zu erschließen. Tragfähig sind Ansätze, die Cash-Flow-Steuerung mit strategischer Marktbindung verbinden. Die Weichen dafür sind gestellt.

Die Bedeutung der bAV für die Absicherung des Lebensstandards im Alter

Die Situation der gesetzlichen Rentenversicherung

Von Hanne Borst und Nikolaus Schmidt-Narischkin

Die GRV nimmt immer mehr die Rolle einer Basisversorgung ein.

Für die Ausrufer rentenpolitischer Untergangsszenarien war das letzte Jahrzehnt ein verlorenes. Waren die Nullerjahre noch vom Grundgedanken der Nachhaltigkeit und der Beschäftigung mit etwaigen Leistungsrücknahmen geprägt, um die Folgen der demografischen Entwicklung abzufedern, folgten gesamtwirtschaftlich „goldene Jahre". Ein erfreulich hohes Wirtschaftswachstum und die kurzfristig anscheinend verlangsamte Alterung der Bevölkerung verleiteten in der Vergangenheit die regierenden Koalitionen aus CDU und SPD zu teuren Leistungsausweitungen wie der „Rente mit 63", der „Mütterrente" und deren Anhebung oder dem apodiktischen Postulieren von „Haltelinien" für das Rentenniveau. Mit Covid, spätestens aber mit Beginn des russischen Angriffskriegs auf die Ukraine haben sich gesamtwirtschaftliche Perspektiven allerdings nachhaltig verdüstert. Damit einhergehend tritt eine Herausforderung erneut ins Rampenlicht, die – so scheint es – der kollektiven Ausblendung anheim gefallen war: wer die gesetzliche Rentenversicherung („GRV") zukunftsfest machen will, der muss etwas tun.

Dabei täuscht „zukunftsfest" einen Zustand zumindest aktueller Solidität vor und verschleiert, dass die GRV schon heute immer mehr die Rolle einer Basisversorgung einnimmt. Noch 2020 wies das BMAS der gesetzlichen Rente bei der Darstellung der Zusammensetzung von Alterseinkünften einen Anteil von 61 % zu, 2024 war ihr Anteil am Bruttogesamteinkommen eines durchschnittlichen Rentners um weitere 8 % auf nunmehr 53 % gesunken.

Es ist demnach eine unliebsame Wahrheit, dass unser lohnzentriertes Rentensystem eine Sicherung des während der letzten Erwerbsjahre möglicherweise liebgewonnenen Lebensstandards schon heute nicht mehr leistet.

Abb. 1: Komponenten am Bruttoeinkommen der 65-Jährigen und Älteren 2020 und 2024

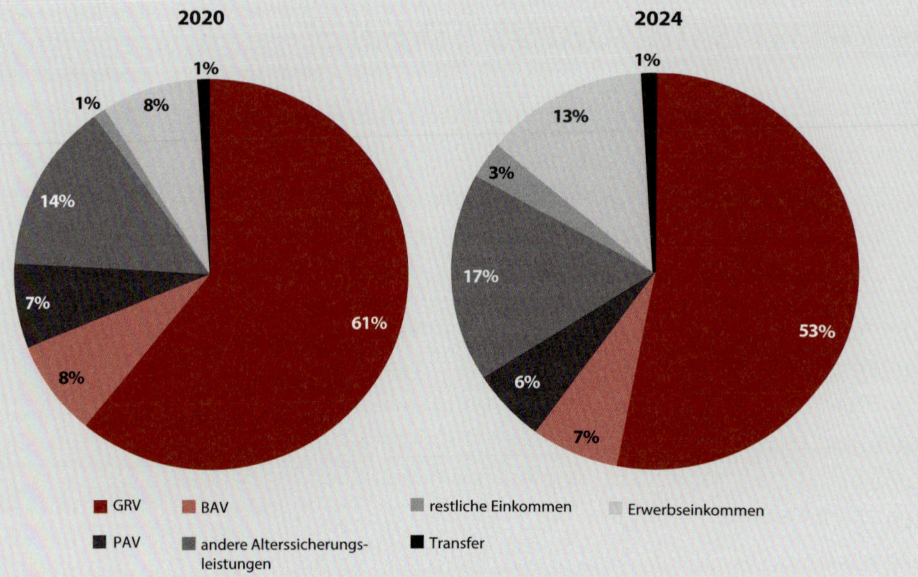

Quelle: für 2020: BMAS, Alterssicherungsbericht 2020; ASID 2019; für 2024: BMAS, Alterssicherungsbericht 2024; ASID 2023.

Wenn die Lebenserwartung aber steigt und das Renteneintrittsalter relativ konstant bleibt, dann führt dies zu noch längeren Rentenbezugszeiten bei gleichzeitig schrumpfender Erwerbsbevölkerung. Um das aktuelle Rentenniveau (das nicht unbedingt aussagefähige Verhältnis von gesetzlicher Durchschnittsrente zu Durchschnittslohn) von 48 % und damit diese gesetzlich garantierte rote Linie tatsächlich bedienen zu können, bedarf es aktuell eines Beitragssatzes von 18,6 % und steuerlicher Zuschüsse in Höhe von jährlich rund 100 Mrd. Euro. In absehbarer Zeit ist jeder dritte Bundesbürger älter als 65 und auf 100 Erwerbstätige kommen 60 Bezieher von Altersleistungen (heute 37). Ein Fortschreiben oder fortgesetztes „Halten" besagter 48 % bis 2039 (der zeitliche Horizont des geplanten „Rentenpakets II" der letzten Bundesregierung[1]) ohne irgendwelche begleitenden Maßnahmen würde angesichts bis dahin weiter geschrumpfter Einnahmen und explodierender Kosten dazu führen, dass entweder Beiträge zur gesetzlichen Rentenversicherung auf 25 bis 28 % und damit fast ein Drittel des monatlich individuellen Bruttolohns steigen. Alternativ ließen sich die Zuschüsse aus Steuermitteln auf mind. 200

1 Der neue Koalitionsvertrag zwischen CDU und SPD sieht die Niveausicherung nur noch bis 2031 vor, in 2039 soll eine Evaluierung der tatsächlichen Beitragsentwicklung erfolgen, um ggf. weitere Maßnahmen zu ergreifen.

Mrd. Euro verdoppeln. Die Vorstellung, man könne angesichts dieses Szenarios sowohl ausreichende Rentenleistungen, als auch finanzielle Stabilität ohne grundsätzliche Änderungen gewährleisten fällt schwer.

Die großen Stellschrauben der Rentenpolitik, deren Bedienung diesen Reformdruck mindern könnte, sind gleichermaßen ausdiskutiert. Man könnte:

- die Anzahl der Beitragszahler erhöhen in dem man mehr Frauen und ältere Menschen vermehrt in Beschäftigung bringt, Selbstständige und Beamte bzw. Politiker in die GRV einbezieht oder Zuwanderung in die Erwerbssysteme fördert,
- Leistungen reduzieren z. B. durch die Anhebung des Renteneintrittsalter, die Förderung flexibler Rentenmodelle, den Abbau von Anrteizen zur Frühverrentung oder eine weitere Anpassung der Beitragsbemessungsgrenzen oder
- eine Kapitaldeckung von Leistungszusagen einführen bzw. bestehende Modelle ausbauen (z. B. durch Einführung eines „Generationenkapitals", einer verpflichtenden Zusatzrente oder der Förderung von Alternativen zu Rürup- oder Riesterrente).

Alles verstanden, allein die Umsetzung ...

Man könnte die Anzahl der Beitragszahler erhöhen in dem man mehr Frauen und ältere Menschen vermehrt in Beschäftigung bringt.

Eine pauschale Würdigung der Bemühungen auch jüngster Zeit um eine Stabilisierung des Systems muss zu dem Ergebnis kommen, dass die Zusammenhänge verstanden, Strategien zur Mitigierung des Problems sich aber vornehmlich auf die Idee der Kapitaldeckung fokussierten und auch dort nicht mit der allerletzten Konsequenz angegangen wurden. Das Rentenpaket II der Regierung Scholz zementierte das Rentenniveau auf 48 % und unterfütterte den Anspruch mit der geplanten Einführung des „Generationenkapitals" – einem staatlich kreditfinanzierten und in global diversifizierte Aktien investierten Kapitalstock, der die GRV entlasten sollte, indem ihr seine Erträge zukommen sollten ohne die Beiträge der Versicherten oder die Höhe individueller Renten direkt zu beeinflussen.

Ein weiterer konzeptioneller Schwerpunkt der alten Bundesregierung lag bei der Reform der staatlich geförderten Riester-Förderung und einer Einführung des sog. „Altersvorsorgedepots". Ab 2026 sollte dem Prinzip privater Vorsorge („pAV") insofern Vorschub geleistet werden, als individuelle Investitionen zu Gunsten von ETFs mit 20 Cent je Euro (bis max. 3.000 Euro) gefördert worden wären. Die Wahl des Anlageproduktes wäre mehr oder weniger frei, die Erträge im Depot während der Ansparphase steuerfrei gewesen.

Der Kapitalstock des Generationenkapitals hätte frühestens Mitte der 2030er Jahre einen Umfang erreicht aus dem sich die erhofften 10 Mrd. Euro Erträge p. a. hätten generieren lassen.

Beide Vorhaben verfolgten natürlich prinzipiell den richtigen Ansatz, hätten sich allerdings nicht als „quick wins“ verbuchen lassen: der Kapitalstock des Generationenkapitals hätte frühestens Mitte der 2030er Jahre einen Umfang erreicht aus dem sich die erhofften 10 Mrd. Euro Erträge p. a. hätten generieren lassen. Das Altersvorsorgedepot hätte zwar keinen Beitrag zur Gegenfinanzierung des Versprechens einer Stabilisierung des Rentenniveaus bei 48 % geleistet. Wohl aber zur Sicherung des individuellen Lebensstandards im Alter – aus Beiträgen in Höhe von 2 % des durchschnittlichen Bruttolohns und 2 % Rendite über 40 Jahre lässt sich ein Zusatzeinkommen von 400 Euro im Monat generieren. Kritische Stimmen beklagten allerdings nicht zu Unrecht

- erwartbar hohe Kosten (das Label „ETF“ steht zwar für einen Preisvorteil im Vergleich zu aktiv gemanagten Fonds, macht das Produkt allerdings nicht automatisch günstig),
- den konzeptionellen Fokus auf die Ansparphase. Das Gesetzesvorhaben sah zwar neben der lebenslangen Rente die Möglichkeit von Auszahlplänen vor, diese hätten aber auf der Kalkulationsbasis eines Versicherungsunternehmens gerechnet werden müssen – die Annuität durch die Hintertür mit den Vorteilen für die entsprechenden Anbieter und
- Risiken für den Sparer, der zwar von den Vorteilen des Wegfalls der staatlichen Vorgabe zur Beitragserhaltung profitiert hätte. Er wäre aber – das „p“ in pAV kommt von „privat“ – im Falle größerer Kapitalmarktbewegungen ohne den ausgleichenden Schutz eines größeren Kollektivs geblieben.

Und nun?

Neu ist die Idee einer „Frühstarter Rente“, einem Altersvorsorgekonzept aus der Feder der CDU, das nicht zuletzt einen Beitrag zur nachhaltigen Verbesserung der finanziellen Allgemeinbildung leisten soll. Grundgedanke ist, dass wer bereits früh am Kapitalmarkt eigene Erfahrung sammelt, es später leichter hat. Die Grundidee ist die gleiche wie beim Altersvorsorgedepot – ein staatlich gefördertes Altersvorsorgedepot mit steuerbefreiter Ertragsthesaurierung, aufgesetzt ohne eigenes Zutun bei Erreichen des sechsten Lebensjahres. Bis zum 18. Lebensjahr leistet der Staat Sparbeiträge von monatlich 10 Euro (über die Laufzeit 1.440 Euro). Eigene Einzahlungen über das 18. Lebensjahr hinaus sollen möglich sein. Als echten Beitrag zur Sicherung des Lebensstandards im Alter kann dieses Konzept derzeit jedoch nicht gesehen werden – zumal Kritikpunkte, die man im Kontext des Altersvorsorgedepots geltend machte (s. o.), auch für die Frühstarter Rente zutreffen dürften.

Ebenso wie die alte Bundesregierung plant die neue Bundesregierung eine Reform der Riester-Rente. Die wenig bisher bekannt gewordenen Details erinnern jedoch an die Pläne der Vorgängerregierung: weniger Bürokratie, Verzicht auf zwingende Garantien, einfache staatliche Förderung, Reduzierung der Kosten und ein Verzicht auf lebenslange Leistungen.

Spätestens beim letztgenannten Punkt möge der geneigte Leser stocken: Sind lebenslange Leistungen bei staatlich geförderter privater Altersvorsorge tatsächlich verzichtbar? Das Statistische Bundesamt wertet regelmäßig die Lebenserwartung der Bevölkerung in Deutschland aus. Die Lebenserwartung ist in den letzten Jahrzehnten durch medizinischen Fortschritt, bessere Ernährung, Hygiene und immer weiter verbesserte Lebensbedingungen kontinuierlich gestiegen. Wertet man die Ergebnisse des Statistischen Bundesamtes zu der Lebenserwartung von 1958 geborenen Männer und Frauen unter Berücksichtigung der Langlebigkeitstrends aus, so erhält man folgende Erkenntnisse:

- 50 % der Männer erreichen das 85. Lebensjahr, mehr als 25 % werden zwischenzeitlich älter als 90 Jahre alt
- Bei den Frauen ergibt sich noch ein deutlicheres Bild. 65 % der Frauen werden älter als 85 Jahre, mehr als 40 % erreichen das 90. Lebensjahr

Unter diesen Umständen erscheint eine eigene Finanzplanung bis Lebensende für Individuen sowohl in Bezug auf die Lebenserwartung als auch in Bezug auf die erwartete Rendite schwer möglich und stellt insbesondere Personen mit geringeren Alterseinkünften vor hohe Herausforderungen.

Warum nicht bAV?

Die Koalition zielt auf Digitalsierung, Vereinfachung und Entbürokratisierung der bAV sowie eine Verbesserung der Portabilität bei Arbeitgeberwechseln.

Bei der Frage der zukünftigen Ausgestaltung der betrieblichen Alteresversorgung („bAV") gibt sich der Koalitionsvertrag bemerkenswert schmallippig. Sie soll gestärkt, ihre Verbreitung bei kleinen und mittelständischen Unternehmen sowie Geringverdienern weiter erhöht werden. Die Geringverdienerförderung soll verbessert werden. Zudem zielt die Koalition auf Digitalsierung, Vereinfachung und Entbürokratisierung der bAV sowie eine Verbesserung der Portabilität bei Arbeitgeberwechseln. Dabei ist die bAV die Säule unserer Alterssicherung mit der sich den oben geschilderten Schwachpunkten privatwirtschaftlich organisierter pAV-Lösungen sicher und aufwandsarm begegnen ließe. Sie bietet:

- den niedrigschwelligen Zugang – ähnlich wie das Konzept der Frühstarter Rente, weil bAV-Regelungen in vielen Unternehmen etabliert sind und die Bedienung automatisiert über die Lohnabrechnung erfolgt
- Kosteneffizienz aufgrund der Nutzung von Skaleneffekten sowie einer Kostenbeteiligung/-übernahme durch den Arbeitgeber
- Steuer- und Sozialabgabenersparnis und Arbeitgeberzuschüsse von mindestens 15 % sofern das Besparen über die Umwandlung von Entgelt erfolgt
- die Absicherung von Risiken im Kollektiv (z. B. Kapitalmarkt- oder Langlebigkeitsrisiken)
- bewährte Konzepte für die Anspar- UND Auszahlungsphase
- die Beratung und Vorselektion passender Angebote bzw. ein professionelles Anlagemanagement durch den Arbeitgeber. Teilhabe setzt damit einen deutlich geringeren Umfang finanzieller Vorbildung voraus.

Wenn es darum geht, auch den 7 %-Anteil der bAV am Haushaltsaufkommen eines Rentners (s. o.) zu steigern, ließe sich auf der Vorarbeit der Ampelkoalitionäre aufsetzen, die zu Fragen der bAV Zeit und viel Energie in einen breit aufgesetzten Fachdialog investiert hatten. Dieser mündete in das Betriebsrentengesetz II („BRSG 2"), das noch im September 2024 durch das Kabinett verabschiedet wurde, ohne allerdings unter der alten Bundesregierung rechtskräftig zu werden. Enthalten waren die Geringverdienerförderung, die Möglichkeit einer Teilnahme nicht tarifgebundener Unternehmen an bestehenden Sozialpartnermodellen, aber auch die Erhöhung von Abfindungsgrenzen oder die Ermöglichung von Ratenzahlungen durch einen Pensionsfonds. Alles gute und sinnvolle Regelungen, ohne dass man das Gesamtergebnis als großen Wurf hätte bezeichnen können.

Die wirklich relevanten Fragestellungen der bAV (eine nachhaltige Beförderung der weiteren Verbreitung, die Ermöglichung rechtssicherer Optionen für die Ausgestaltung renditeträchtiger Modelle oder eine schlüssige Einbettung der an Garantien zu stellenden Anforderungen im Vergleich zur pAV) wurden ergebnislos umschifft. Von einem echten Beitrag zur Lösung der drängensten Probleme der Altersversorgung konnte keine Rede sein. Aber wie gesagt – ein Aufsatzpunkt für die Nachbesserungen der neuen Regierung:

Mehr Renditechancen in der bAV bedeutet, weniger Garantievorgaben zu machen.

- Für mehr Verbreitung der bAV könnte eine betriebliche Opting-out-Option sorgen. Das Thema wurde zwar im BRSG 2 adressiert, aber die im Regierungsentwurf enthaltene zusätzliche Opting-out-Option für tariflose Bereiche war wenig geeignet, die Verbreitung der bAV nachhaltig zu fördern. Daher wäre eine wirksame betriebliche Opting-out-Option, die entsprechend dem individualrechtlichen Konzept des in § 1a BetrAVG heute schon enthaltenen Opting-in-Prinzips für den Anspruch auf Entgeltumwandlung jenseits von Tarifverträgen und Betriebsvereinbarungen ermöglicht werden sollte, ein Gewinn für die bAV und sollte in dem Entwurf eines neuen BRSG Aufnahme finden.
- Mehr Renditechancen in der bAV bedeutet, weniger Garantievorgaben zu machen – insofern wäre als Mindestanforderung eine Senkung der Garantievorgabe zur Beitragszusage mit Mindestleistung von der sog. Beitragsgarantie auf z. B. 60 bis 80 % der Beiträge ein wichtiger Schritt, um mehr Rendite und damit eine verbesserte Versorgung für die Begünstigten zu ermöglichen.
- Ein schlüssiges Gesamtkonzept für Garantien bedeutet jedoch weitergehend, dass die bAV in ähnlicher Weise wie die staatlich geförderte private Altersvorsorge behandelt werden sollte – Garantieerleichterungen, die in der pAV im sog. pAV-Reformgesetz des BMF für die Anspar- und die Rentenphase in weitem Umfang zugelassen werden sollten und die im letzten Wahlkampf in den Programmen der Parteien postuliert wurden, müssten zur Vermeidung schädlicher Kannibalisierungseffekte auch für die bAV Anwendung finden. Dabei ist ein zentraler Gedanke von Bedeutung: eine staatlich zulagengeförderte Altersvorsorge – ob in bAV oder pAV – sollte für die Rentenphase eine lebenslange Absicherung vorgeben, um die Interessen der Begüns-

tigten, aber auch der Beitrags- und Steuerzahler zu wahren und einen wesentlichen Beitrag zur Vermeidung von Altersarmut und zur Generationengerechtigkeit zu leisten.

Fazit

Es geht um nicht weniger als die Sicherung des Lebensstandards im Alter und die Vermeidung von Altersarmut.

Angesichts der vielfältigen Herausforderungen, vor denen die neue Bundesregierung steht, ist es wenig verwunderlich, dass sich das Thema Rentenpolitik nicht zuvorderst auf der tagespolitischen Agenda findet. Die Bedeutung des Themas wird jedoch von keiner Seite bestritten. Es geht um nicht weniger als die Sicherung des Lebensstandards im Alter und die Vermeidung von Altersarmut. Dringend erforderliche Reformen sollten in allen drei Säulen der Altersversorgung zügig angegangen werden. Der Handlungsbedarf der bAV ist vermutlich nicht am größten: die Wirkmacht, die sie bei Umsetzung anstehender Maßnahmen entfalten kann ist allerdings massiv. Dazu gehören die Absenkung von Garantierfordernissen für Zusageformen auch jenseits der Sozialpartnermodelle, aber auch „Dauerbrenner" wie die Vereinheitlichung von Dotierungsgrenzen im Steuer- und Sozialversicherungsrecht, die Bewältigung der bislang offensichtlich nicht lösbaren Problematik der „Doppelverbeitragung" und die zeitgemäße Gestaltung der Rahmenbedingungen für die Direktzusage.

Die Rentnergesellschaft als Buy-out-Option für Pensionsverbindlichkeiten

Eine Bilanz nach fast zehn Jahren

Von Michael Christner, Tilo Kraus und Christian Petersmann

Einleitung

Die Auslagerung von Pensionsverpflichtungen über eine Rentnergesellschaft hat in Deutschland in den letzten zehn Jahren eine bemerkenswerte Entwicklung durchlaufen. Angesichts des Zinsumfelds, der steigenden Inflation und den in den letzten Jahren zunehmenden Langlebigkeitsrisiken suchen Unternehmen verstärkt nach Lösungen, um die mit der betrieblichen Altersversorgung (bAV) verbundenen Risiken zu managen oder diese gleich vollständig aus der Bilanz auszulagern.

Die Übertragung von Pensionsverpflichtungen auf eine Rentnergesellschaft etabliert sich zunehmend.

Der Pension Buy-out, also die Enthaftung des Sponsors der bAV, z. B. mittels Übertragung von Pensionsverpflichtungen auf eine spezialisierte Rentnergesellschaft etabliert sich dabei als wirkungsvolle und kosteneffiziente Strategie. Denn nur ein Buy-out ermöglicht ein vollständiges „De-Risking", also den umfassenden und endgültigen Transfer aller Risiken im Zusammenhang mit der Altersversorgung.

In den letzten zehn Jahren haben sich spezialisierte Anbieter etabliert, einen Track Record aufgebaut und bereits mehrere Krisen, wie die Corona-Pandemie, eine Niedrigzinsphase und die Hochinflation, erfolgreich gemeistert. Damit haben sie die Wirtschaftlichkeit und Robustheit der Rentnergesellschaften unter Beweis gestellt.

Im folgenden Beitrag beleuchten wir die Entwicklungen, Herausforderungen, aber auch Erfolge der letzten zehn Jahre im Bereich des „De-Riskings" via Rentnergesellschaft. Dabei werden sowohl die betriebswirtschaftlichen als auch die rechtlichen Aspekte dieser Strategie analysiert.

Grundlagen und Möglichkeiten der bAV in Deutschland

Eine zentrale Frage für viele Finanzentscheider ist, wie Pensionsverbindlichkeiten aus der Unternehmensbilanz transferiert werden können.

Die betriebliche Altersversorgung (bAV) in Deutschland kann über verschiedene Durchführungswege realisiert werden, die im Betriebsrentengesetz festgelegt sind. Dazu zählen die Direktzusage, Unterstützungskasse, Pensionskasse, Pensionsfonds und Direktversicherung. Bei einer Direktzusage übernimmt der Arbeitgeber die Versorgung ohne Einschaltung eines externen Versorgungsträgers. Er verpflichtet sich direkt gegenüber den Beschäftigten zur Zahlung von Alters-, Invaliditäts- und/oder Hinterbliebenenleistungen und bildet entsprechende Pensionsrückstellungen in der Bilanz. Da die Höhe dieser Rückstellungen aufgrund verschiedener Einflussfaktoren von Jahr zu Jahr schwanken kann, beeinflussen sie insbesondere die handelsrechtliche Gewinn- und Verlustrechnung sowie das bilanzierte Eigenkapital. Aus diesem Grund erwägen viele Finanzverantwortliche, diese Risiken zu reduzieren oder idealerweise vollständig auszulagern, um die Bilanz zu entlasten.

Direktzusagen sind in Deutschland weit verbreitet. Sie bringen erhebliche Bilanz- und Cashflow-Risiken sowie eine erhebliche Komplexität mit sich. Viele Unternehmen haben daher ihre Versorgungszusagen in den letzten Jahren angepasst und Systeme mit Leistungszusagen für neue Mitarbeiter geschlossen. Dadurch reifen die bestehenden Altpläne zunehmend, da immer mehr Teilnehmer entweder das Rentenalter erreichen oder aus dem Unternehmen mit unverfallbaren Rentenansprüchen ausscheiden. Für viele Finanzverantwortliche stellt sich dann die zentrale Frage, wie sich solche Pensionsverpflichtungen wirksam herauslösen lassen, um so die finanzielle Flexibilität zu erhöhen.

Ein erster Schritt ist eine Ausfinanzierung der Pensionsverbindlichkeiten, z. B. über eine Treuhandlösung (sog. CTA). Hierbei werden Finanzanlagen den Pensionsverpflichtungen als Planvermögen zugeordnet und eine Saldierung von Planvermögen und Pensionsverbindlichkeiten vorgenommen. Das Unternehmen steht jedoch weiterhin in der sogenannten Subsidiärhaftung. Es haftet also weiterhin für die Pensionszahlungen und damit auch für adverse Verschiebungen von Planvermögen relativ zu Pensionsverbindlichkeiten. Die im Zeitablauf schwankenden Verpflichtungen können als „Unterdeckung" in Erscheinung treten, da das Vermögen auf der Aktivseite nicht denselben Bewertungsgrundsätzen unterliegt wie die Verpflichtungen auf der Passivseite. Dadurch können Risiken aus einem rein bewertungstechnischen *Mismatch* zwischen Anlage und Verpflichtungen auf die Unternehmensbilanz zurückfließen.

Pension Buy-out: Ein Mechanismus zur vollständigen Risikoübertragung in der betrieblichen Altersversorgung

Ein Pension Buy-out über eine Rentnergesellschaft bietet Unternehmen eine effektive Möglichkeit, Pensionsverbindlichkeiten samt der damit verbundenen Risiken vollständig auszulagern. Grundlage hierfür sind die Regelungen des Umwandlungsgesetzes (UmwG), die es ermöglichen, Pensionsverpflichtungen im Rahmen einer Abspaltung oder Ausgliederung rechtlich sauber zu übertragen. Auf der Grundlage des UmwG (§ 123 Abs. 3) führt das Unternehmen hierbei eine Abspaltung bzw. Ausgliederung der Pensionsverbindlichkeiten durch.

Grundlage für das Pension Buy-out ist das Umwandlungsgesetz.

Diese Möglichkeit ist keineswegs neu. Vielmehr haben deutsche Unternehmen seit vielen Jahren hausinterne Rentnergesellschaften aufgesetzt. Hier werden die Pensionsverbindlichkeiten zusammen mit dem zugeordneten Vermögen auf eine GmbH übertragen. Im Falle eines Buy-outs wird diese GmbH im Nachgang durch den künftigen Risikoträger erworben. Durch den Verkauf sind die Risiken der Pensionsverbindlichkeiten final dem neuen Eigentümer, also dem alleinigen Risikoträger, zugeordnet.

Vorteile eines Pension Buy-outs

Entlastung der Bilanz

- Ein Pension Buy-out stellt den vollständigen Risikotransfer dar. Die Pensionsverpflichtungen werden vollständig aus der Unternehmensbilanz entfernt. Dies führt zu einer gestärkten finanziellen Stabilität und kann sich positiv auf das Unternehmens-Rating auswirken.

Vereinfachung von M&A-Transaktionen

- Im Kontext geplanter Unternehmensverkäufe oder -übernahmen ermöglicht ein Buy-out eine Bilanzverkürzung und trennt ein häufiges Streitthema, die ökonomische Bewertung der Pensionsverbindlichkeiten und deren Risiken von der eigentlichen Transaktion. Unter-

Die Auslagerung von Pensionsverpflichtungen auf eine Rentnergesellschaft bietet Unternehmen mehrere Vorteile:

Strategie	- Fokus auf das Kerngeschäft - Vereinfachung in M&A-Transaktionen
Aktienkurs	- kumulative Überschussrenditen (US-Daten) - geringe Aktienkursvolatilität (UK-Daten)
Fremdkapital	- niedrigere implizite Kreditaufschläge (UK-Daten) - geringeres Ausfallrisiko
Investition und Cashflow	- verbesserte Prognosefähigkeit für Bilanz - erhöhte Investitionsausgaben (US-Daten)

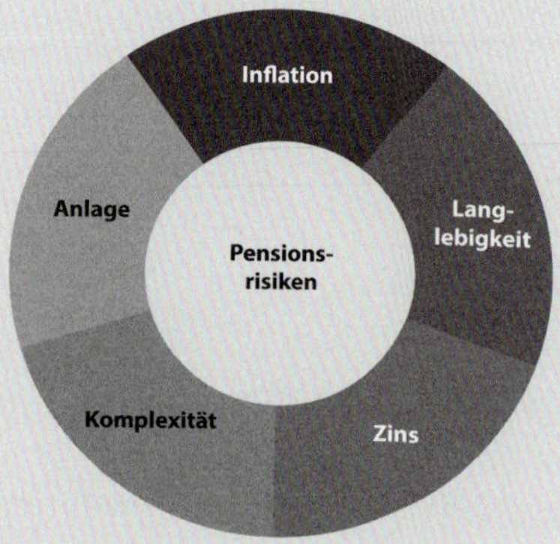

Quellen: Randy Jorgensen, Tirimba Obonyo, John R Wingender, „Derisking pension plans: the impact on firm value from lumpsum buyouts", Risk Management, Vol. 26, 2024, Sven Klingler, Suresh M. Sundaresan, Mchael A Moran, „Corporate Pension Risk Transfers", 2022, https://papers.ssrn.com/sol3/papers.cfm?abstract_id=4137429, Zezeng Li, Alper Kara, „Pension de-risking choice and firm risk: Traditional versus innovative strategies", International Review of Financial Analysis, Vol. 81, 2022, Peter Simasek, „Pension Risk Transfer and Firm Leverage: The Cash Flow Volatility Channel", 2021, https://ssrn.com/abstract=3778020

nehmen präsentieren sich schlanker sowie transparenter und werden damit attraktiver für potenzielle Käufer oder Partner.

Reduzierung finanzieller Risiken

- Pensionsverpflichtungen sind mit erheblichen, langfristigen finanziellen Risiken verbunden. Durch die Auslagerung können diese Risiken auf die Rentnergesellschaft übertragen werden, wodurch sich das Risikoprofil des Unternehmens verbessert und dessen Attraktivität für Investoren und Kreditgeber steigt. Unternehmen können somit ihre Überschussrenditen verbessern, was sich wiederum – empirisch belegt – positiv auf den Aktienkurs auswirken kann und die Volatilität von Aktien reduziert.
- Ein Pension Buy-out kann gemäß akademischer Studien die impliziten Kreditaufschläge verringern und das Ausfallrisiko minimieren.
- Durch die Auslagerung der Pensionsverpflichtungen können Unternehmen ihre finanziellen Prognosen genauer gestalten und ihre Investitionsausgaben besser planen. Dies führt zu einem stabileren Cashflow und einer besseren finanziellen Planungssicherheit.

Reduktion administrativer Komplexität und Kosten:

Die interne Verwaltung der betrieblichen Altersversorgung kann kostspielig sein. Eine Auslagerung kann zum einen die Verwaltungskosten senken und zum anderen müssen Unternehmen nicht zwangsläufig in neue Systeme investieren, um den regulatorischen Anforderungen der Administration gerecht zu werden und komplexe, geschlossene Altpläne administrieren.

Fokus auf das Kerngeschäft:

Unternehmen können sich nach einem Buy-out stärker auf ihr Kerngeschäft konzentrieren, anstatt Ressourcen für die Verwaltung der Pensionen aufzuwenden. Dies erhöht Effizienz und Wettbewerbsfähigkeit des Unternehmens.

Erhöhte Transparenz:

Eine klare Trennung der Pensionsverpflichtungen vom operativen Geschäft führt zu einer erhöhten Transparenz in der Finanzberichterstattung, was das Vertrauen von Investoren und Stakeholdern stärkt.

Die Entwicklung des Pension Buy-outs in Deutschland

Das Konzept der Rentnergesellschaft per se ist nicht neu. Im Zuge von M&A-Transaktionen wurden in der Vergangenheit wiederholt Unternehmen aus Konzernen herausgelöst, die kein operatives Geschäft mehr betrieben. Diese wurden in der Folge zu sogenannten Rentnergesellschaften. Diese Entwicklung begann vor knapp 40 Jahren und daraus entstand letztendlich die Notwendigkeit, spezialisierte Anbieter zu etablieren, die sich auf die Abwicklung solcher Gesellschaften konzentrieren. Dies markierte die Geburtsstunde der Rentnergesellschaft. Unternehmen hatten bis dato die Alternative der Liquidationsversicherung. Allerdings gibt es nur eine begrenzte Anzahl an Versicherungsunternehmen, die dieses Produkt anbieten und meistens zu wenig attraktiven Konditionen für Unternehmen. Somit haben nun immer mehr Unternehmen in Deutschland die Vorteile eines Risikotransfers erkannt und bereits entsprechende Maßnahmen ergriffen.

Die Entwicklung und das Konzept der Rentnergesellschaft begann vor knapp 40 Jahren.

Entwicklung der Marktvolumina UK /US 2010-2023

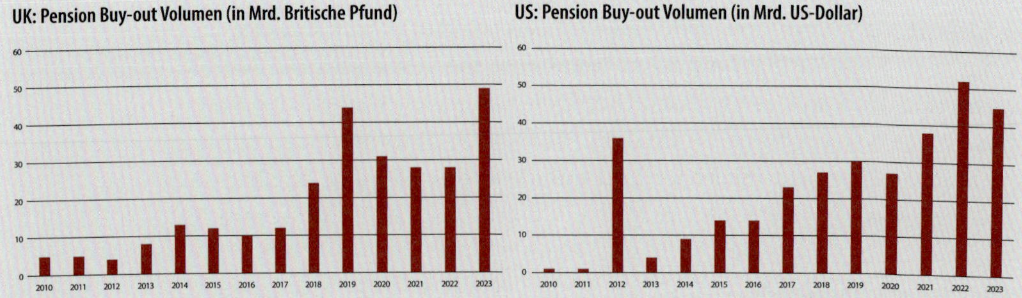

Quelle: LCP

Diese Entwicklung wurde durch mehrere Faktoren begünstigt

Einfluss von Inflation und Langlebigkeit

Der Risikotransfer eliminiert auch die inflationsbedingten Rentenanpassungen.

- Hohe Inflationsraten (2022-2024) und eine stetig steigende Lebenserwartung haben die finanziellen und planerischen Risiken von Pensionsverpflichtungen erhöht. Die gestiegenen Teuerungsraten der letzten Jahre haben zudem dazu geführt, dass die nächsten Rentenanpassungen höher ausfallen müssen als von vielen Unternehmen kalkuliert. Diese Entwicklung hat die Attraktivität von Risikotransfers weiter gesteigert.

Internationale Entwicklungen und Marktvergleiche

- Die internationale Akzeptanz des Pension Buy-outs ist in den letzten Jahren kontinuierlich gewachsen, wodurch die Transaktionsvolumina international ebenfalls signifikant gestiegen sind. Derzeit liegen die jährlichen Transaktionsvolumina bei rund 100 Mrd. US-Dollar – allein in den USA und Großbritannien.
- Unternehmen haben die Vorteile erkannt und die aktuell niedrigen Buy-out-Preise aufgrund des Zinsumfelds lassen einen weiteren Anstieg der Nachfrage erwarten. Ein Vergleich der Marktvolumina in Großbritannien, Kanada und den USA zeigt signifikante Steigerungen in den Transaktionsvolumina, woraus man auch ein wachsendes Marktpotenzial auch in Deutschland prognostizieren kann.

Marktreife und Professionalisierung

- Das Interesse deutscher Unternehmen nimmt merklich zu: Experten rechnen mit einem Volumen von circa 650 bis 700 Mrd. Euro an Defined-Benefit (DB)-Zusagen, was ebenfalls auf ein substanzielles Marktpotenzial hinweist.
- Der Markt für spezialisierte Rentnergesellschaften hat sich in den letzten knapp zehn Jahren etabliert und durch erfolgreiche Transaktionen entsprechend weiter professionalisiert.
- Hierdurch hat sich am deutschen Pension-Buy-out-Markt inzwischen eine klare „Blaupause" bzw. ein am internationalen Markt orientierter Standard für Transaktionen durchgesetzt. Dieses „Rahmenwerk" reicht von der rechtlich sicheren Dotierung der Rentnergesellschaft inklusive einer substanziellen Eigenkapitalbeteiligung des Risikoträgers, über die klare und effiziente Strukturierung und Dokumentation bis hin zu eingespielten Transaktionsteams. Es ermöglicht eine effiziente und rechtssichere Gestaltung.

Besondere rechtliche Anforderungen im Kontext von Rentnergesellschaften:

Nachhaftung

Gemäß den Bestimmungen des Umwandlungsgesetzes besteht im Rahmen von Unternehmensaufspaltungen eine Nachhaftungsperiode von zehn Jahren (vgl. § 133 Abs. 1, 3 UmwG). Diese Regelung ist im Wesentlichen aus dem Gedanken des Gläubigerschutzes heraus entstanden. Während bei allgemeinen Unternehmensaufspaltungen eine Nachhaftungsfrist von fünf Jahren üblich ist, wurde diese für Pensionsverbindlichkeiten auf zehn Jahre verlängert, um eben einen erhöhten Schutz für die betroffenen Gläubiger – in diesem Fall die Versorgungsberechtigten – zu gewährleisten.

Die Nachhaftung dient den Interessen der Pensionsberechtigten aber auch denen der Gläubiger des abgebenden Unternehmens.

Umfang und Wechselseitigkeit der Nachhaftung

Die Haftung im Rahmen dieser Nachhaftungsperiode ist in zweifacher Hinsicht begrenzt: Zum einen beschränkt sie sich auf die Pensionszahlungen, die innerhalb der ersten zehn Jahre nach der Abspaltung fällig werden. Zum anderen ist die Nachhaftung nachrangig ausgestaltet. Dies bedeutet, dass die Rentnergesellschaft im Sinne des Gläubigerschutzes auch für die Finanzverbindlichkeiten des abgebenden Unternehmens über einen Zeitraum von fünf Jahren haftet. Diese wechselseitige Haftung dient dazu, sowohl die Interessen der Pensionsberechtigten als auch die der Gläubiger des abgebenden Unternehmens zu wahren.

Risikobewertung der zeitlich begrenzten Nachhaftung von Unternehmen und Rentnergesellschaft

In der Praxis ist das Risiko einer Inanspruchnahme aus der Nachhaftung jedoch sehr gering. Dies liegt daran, dass Pensionspläne in der Regel eine Laufzeit von deutlich mehr als zehn Jahren aufweisen. Zudem ist bei einem ordnungsgemäß durchgeführten Buy-out eine entsprechende Kapitalausstattung vorhanden, die als zusätzlicher Risikopuffer dient. Sie stellt sicher, dass die Pensionsverbindlichkeiten auch über den Zeitraum der Nachhaftung hinaus erfüllt werden können. Dadurch wird das Risiko einer Inanspruchnahme aus der Nachhaftung des abgebenden Unternehmens minimiert.

Sicherstellung der vollständigen Bewertung von Pensionsverpflichtungen

Wichtig ist die Berücksichtigung der Vermögensanlage und ihrer Erträge im Verhältnis zu den Pensions-Cashflows.

Um die vollständige Erfüllung der Pensionsverpflichtungen sicherzustellen, fordert das Bundesarbeitsgericht eine konservative Kapitalausstattung von Rentnergesellschaften (BAG, Urteil vom 11.3.2008, 3 AZR 358/06). In diesem Urteil hat das BAG drei wesentliche Parameter festgestellt: sehr konservative Sterblichkeitsannahmen durch die Verwendung der Sterbetafeln der Versicherungswirtschaft, den Einbezug einer angemessenen Inflation und die Wahl eines konservativen Rechnungszinses.

Konforme Kapitalausstattung und Berücksichtigung von Stressszenarien

Ein zentrales Erfordernis ist, dass ausreichend Kapital vorhanden sein muss, um alle Zahlungsströme auch in Stressszenarien abdecken zu können. Um die ausreichende Dotierung der Rentnergesellschaft zu ermitteln, müssen die Versorgungsverbindlichkeiten bewertet werden. Dabei sollen entsprechende Sterbetafeln berücksichtigt werden. Außerdem ist bei der vorzunehmenden Abzinsung ein angemessener Rechnungszinsfuß zu berücksichtigen. In seinem Urteil hat das BAG entschieden, dass bei der Bestimmung des Rechnungszinsfußes von der „auf einer vernünftigen kaufmännischen Beurteilung beruhenden Bandbreite der Zinssätze" auszugehen ist.

Asset-Liability-Management (ALM)

Ein wichtiger Aspekt ist die Berücksichtigung der Vermögensanlage und ihrer Erträge im Verhältnis zur Entwicklung der Pensions-Cashflows. In der Regel wird hierzu eine Asset-Liability-Management-(ALM)-Studie durchgeführt. Hierbei wird die Deckung der Pensionsverpflichtungen unter verschiedenen Szenarien analysiert. Dabei werden sowohl die erwarteten Erträge der Vermögensanlagen als auch die Entwicklung der Pensionszahlungen berücksichtigt.

In der ALM-Studie wird die Deckung der Pensionsverpflichtungen in verschiedenen Szenarien untersucht.

Langfristige Betrachtung und Konfidenzniveau

Fachleute gehen davon aus, dass eine ordnungsgemäße Ausstattung dann gegeben ist, wenn die Wahrscheinlichkeit, alle Cashflows über einen 20-jährigen Betrachtungszeitraum abzudecken, bei über 90 Prozent liegt.

Organisatorische Voraussetzungen für den Betrieb einer Rentnergesellschaft:

Neben den Anforderungen an die Kapitalausstattung sollten beim Betrieb einer Rentnergesellschaft bestimmte organisatorische Voraussetzungen erfüllt sein.

Schon bei der Auswahl von Dienstleistern, z. B. für die Rentnerverwaltung, sollte nach Aspekten der Unabhängigkeit und nach dem „Best-in-Class"-Ansatz verfahren werden, um sicherzustellen, dass kein Interessenkonflikt vorliegt. Da jeder Plan oder Rentnerbestand eigene Besonderheiten aufweist, sollte der passende Servicedienstleister aus einer Kosten-Nutzen-Abwägung herausgewählt werden – oder eben auch der Status quo beibehalten werden, wenn gewünscht.

Gesellschaftsrechtliche Trennung

Die gesellschaftsrechtliche Trennung einer Rentnergesellschaft sorgt dafür, dass die Pensionsverpflichtungen nicht mit den operativen Geschäften und Risiken anderer Aktivitäten vermischt werden. Dies trägt dazu bei, die Interessen der Pensionsberechtigten zu schützen und somit die langfristige Erfüllung der Pensionsverpflichtungen zu sichern. Andererseits ist gerade bei kleinen Pensionsbeständen eine zumindest mittelfristige Zusammenfassung aus dem Blickwinkel größerer Kollektive sowie eine Optimierung der fixen Betriebskosten für eine Rentnergesellschaft, wie beispielsweise Buchhaltung und Jahresabschluss, sinnvoll.

Zweckbindung der Mittel

Ein zentraler Aspekt in der Verwaltung von Pensionsgeldern ist die Sicherstellung der Zweckbindung dieser Mittel. Es muss gewährleistet sein, dass die Gelder ausschließlich für die vorgesehenen Pensionszahlungen verwendet werden. Eine Möglichkeit ist die Verwendung von Treuhandvermögen aus einem unternehmenseigenen CTA oder Gruppen-CTA, sofern vorhanden. Ein klares Regelwerk und eine robuste Governance-Struktur sind erforderlich, um im unwahrscheinlichen Fall einer finanziellen Schieflage der Rentnergesellschaft angemessen reagieren zu können. Dies wird durch eine doppelstöckige Treuhand sichergestellt, wie sie vielfach in Deutschland genutzt wird.

Schutz vor „Fehlentscheidungen"

Als Risikoträger sollte der Erwerber eigene Eigenmittel als Kaufpreis oder Kapitalerhöhung in die Transaktion einbringen.

Um Fehler und unüberlegte Entscheidungen zu vermeiden, sollte ein stringentes Korsett gegenseitiger Prüfungen vorliegen. Dies gilt neben der Sicherstellung der Zweckbindung über den Treuhänder auch für die Kapitalanlage und die Risikosteuerung. So lassen sich Interessenskonflikte vermeiden und sicherstellen, dass die Auswahl der Anlagemanager unabhängig und nach Best-in-Class-Kriterien erfolgt. Zudem wird das Asset Management an eine professionelle Plattform im Rahmen eines regulierten Spezialfonds delegiert. So lassen sich Interessenkonflikte vermeiden und sicherstellen, dass die Auswahl der Anlagemanager unabhängig und nach Best-in-Class-Kriterien erfolgt.

Ordnungsgemäße Prozesse und interne Strukturen

- **Risikoträger:** Als Risikoträger sollte der Erwerber eigene Eigenmittel als Kaufpreis oder Kapitalerhöhung in die Transaktion einbringen. So kann sowohl eine erhöhte Sorgfalt im Ankaufsprozess als auch eine Interessensharmonisierung sichergestellt werden.
- **Klare Anlagestrategie und -richtlinien:** Diese sollten regelmäßig überprüft und durch externe Dritte validiert werden, um Fehlanreize zu vermeiden. Eine regelmäßige Anpassung der Strategien an sich

ändernde Marktbedingungen und Risikoprofile ist dabei entscheidend.

- **Trennung der Interessen:** Eine klare Trennung der Interessen des Risikoträgers von denen der Dienstleister ist essenziell. Dies stellt sicher, dass Verträge mit Drittparteien zu marktgerechten Konditionen abgeschlossen werden und keine Interessenkonflikte entstehen. Die Unabhängigkeit der Dienstleister vom Risikoträger fördert zudem die Objektivität und Fairness in der Vertragsgestaltung.
- **Transparenz und Berichterstattung:** Eine regelmäßige und transparente Berichterstattung über Risikopositionen und Entscheidungsprozesse ist notwendig, um das Vertrauen aller Beteiligten zu stärken und eine effektive Kontrolle zu ermöglichen. Dazu gehört auch die Offenlegung potenzieller Interessenkonflikte und deren Management.
- **Compliance und Regulierung:** Dies beinhaltet auch die Implementierung interner Compliance-Richtlinien und die regelmäßige Schulung der Mitarbeiter.

Umsetzung einer erfolgreichen Transaktion

Eine erfolgreiche, rechtlich sichere und effiziente Auslagerung von Pensionsverpflichtungen erfordert eine gründliche Planung und präzise Umsetzung. Dabei sind folgende Aspekte zu berücksichtigen:

Ein rechtlich sicherer und wirtschaftlich vernünftiger Pension Buy-out erfordert eine sorgfältige Analyse.

- **Finanzanalyse und Liquiditätsplanung:** Eine sorgfältige Finanzplanung und -analyse ist unabdingbar, um die ausreichende Kapitalisierung der Rentnergesellschaft sicherzustellen.
- **Steuerliche Implikationen:** Die steuerlichen Auswirkungen eines Pension Buy-outs sind komplex und erfordern eine sorgfältige Analyse, insbesondere hinsichtlich der Behandlung der übertragenen Vermögenswerte und der möglichen vorgezogenen Verlustrealisation.
- **Sicherstellung der ordnungsgemäßen Ausstattung:** Im Rahmen eines strukturierten (RfP-)Auswahlprozesses können abgebende Unternehmen die Höhe der ordnungsgemäßen Ausstattung (mit Hilfe von Experten) auch bestimmen und anschließend Gebote von Anbietern für diese Struktur einholen.
- **Anbieterauswahl/Anbieter Due Diligence:** Unternehmen sollten auf Erfahrung, Spezialisierung, Aufstellung und Vertrauenswürdigkeit bzw. Reputation achten. Eine entsprechende Due Diligence sollte

umfassend durchgeführt werden, mit Fokus auf Kapitalstärke, Track Record, Governance, Prozess-Know-how, sowie mögliche Interessenkonflikte.

- **Rechtliche Umsetzung:** Um den Schutz der Versorgungsberechtigten während und nach einer Transaktion sicherzustellen, werden im Spaltungsvertrag und im Kaufvertrag typischerweise umfassende Governance-Vorgaben verbindlich aufgenommen. Dazu gehört beispielsweise eine CTA-Treuhand, die die zweckgebundene Verwendung und die Insolvenzsicherheit des Treuvermögens sicherstellt. sowie Gutachten zur Angemessenheit der Ausgestaltung. Wir empfehlen die Einbeziehung von erfahrenen Rechtsexperten, um alle rechtlichen und regulatorischen Anforderungen zu erfüllen.
- **Kommunikation mit allen Stakeholdern:** Auch wenn ein Pension Buy-out keiner Zustimmungspflicht der Rentner oder Arbeitnehmervertreter unterliegt, ist es von Vorteil, die entsprechenden Gremien bzw. Stakeholder möglichst früh in den Prozess einzubinden.

Abschließende Überlegungen

Der Pension Buy-out hat sich als verlässliche Methode, vor allem bei Umstrukturierungen und M&A-Aktivitäten bewährt.

Durch die Übertragung von Pensionsverpflichtungen auf eine Rentnergesellschaft und die anschließende Übernahme dieser durch einen spezialisierten Anbieter, können Unternehmen ihre Pensionsrisiken und die damit verbundenen finanziellen Belastungen bezüglich mit unverfallbarer Anwartschaft ausgeschiedener Mitarbeiter (UVAs) und Rentner ausgliedern und sich vollständig enthaften. Bilanziell wird eine Ausbuchung der Verpflichtungen erreicht. Der Pension Buy-out ist inzwischen eine anerkannte und etablierte Methode, die vor allem bei M&A-Transaktionen und Umstrukturierungen sowie Firmenliquidationen eingesetzt wird. Inzwischen hat sich am Markt eine „Best Practice" herausgebildet, die sich an den internationalen Standards orientiert.

Die Rentnergesellschaft als De-Risking-Option für geschlossene Pensionspläne

Eine Darstellung der rechtlichen Voraussetzungen

Von Christopher Fischer

Einleitung

Ein zentrales Anliegen vieler Unternehmen besteht in der Begrenzung finanzieller und bilanzieller Risiken aus bestehenden Verpflichtungen der betrieblichen Altersversorgung (bAV). Unter dem Begriff des Pension De-Risking werden Strategien zusammengefasst, die darauf abzielen, diese Verpflichtungen zu reduzieren oder auszulagern, um Planungssicherheit zu erhöhen und die wirtschaftliche Belastung besser steuerbar zu machen (vgl. zu den Gründen sowie den betriebswirtschaftlichen Motiven und insbesondere den Vorteilen eines Pension Buy-outs siehe Seite 79 ff.).

Unter Pension De-Risking werden Strategien zusammengefasst, die darauf abzielen, Verpflichtungen aus bAV zu reduzieren.

Welches der Vielzahl an Instrumenten zum Pension De-Risking Unternehmen anzuraten ist, unterscheidet sich nach Ausgangslage, Unternehmensgröße und Risikoneigung. Neben allgemeinen rechtlichen Gestaltungsfragen und -beschränkungen unterscheiden sich die Instrumente in Bezug auf Kapitalanforderungen, das Eingreifen aufsichtsrechtlicher Regelungen und der Frage, ob das Unternehmen ein vollständige Enthaftung von den Versorgungsverbindlichkeiten erreichen kann.

Der folgende Beitrag befasst sich mit den rechtlichen Anforderungen an die Gründung einer Rentnergesellschaft und beleuchtet sich für die Praxis stellende rechtliche Fragen eines solchen Buy-out-Projekts. Die sich bei der Gründung einer Rentnergesellschaften stellenden – bisweilen komplexen – steuerrechtlichen Aspekte sollen dabei ausgeblendet bleiben.

Überblick über De-Risking-Instrumente

Unternehmen steht eine Vielzahl von Instrumenten für ein „Pension De-Risking" zur Verfügung. Dies kann beispielsweise Abfindungen von Versorgungsanwartschaften, die Einführung von Kapitalwahlrechten in bestehenden Versorgungsordnungen, die Schließung bestehender Versorgungsordnungen für Neueintritte oder die Einführung kapitalmarktnaher Versorgungssysteme sein.

Zu den möglichen De-Risking-Strategien zählt auch der Schuldbeitritt eines Dritten, etwa einer Konzernmutter.

Eine klassische Maßnahme des Pension De-Risking ist die Abfindung von Versorgungsanwartschaften oder -ansprüchen. Dabei erhalten Versorgungsberechtigte gegen Verzicht auf zukünftige Leistungen eine einmalige Kapitalzahlung. Dieses Vorgehen unterliegt – mit Ausnahme für Altzusagen – allerdings engen gesetzlichen Grenzen, insbesondere im Hinblick auf den Schutz durch das Betriebsrentengesetz (BetrAVG). Das BetrAVG erlaubt Abfindungen regelmäßig nur unter bestimmten Voraussetzungen, etwa bei Kleinstanwartschaften oder im Einvernehmen mit dem Arbeitnehmer (§ 3 BetrAVG). Zudem sind steuer- und sozialversicherungsrechtliche Implikationen sorgfältig zu prüfen, da eine Abfindung lohnsteuerpflichtig sein kann und sozialversicherungsrechtliche Folgen haben kann.

Eine weitere etablierte Option stellt die Übertragung von Pensionsverpflichtungen auf einen Pensionsfonds im Sinne von § 3 Nr. 66 EStG dar. Diese Option erlaubt eine Auslagerung der Verpflichtung aus dem Unternehmen und kann unter bestimmten Voraussetzungen steuerneutral erfolgen. Dabei wird ein externer Versorgungsträger gegründet oder beauftragt, der die Leistungsversprechen fortführt. Die bilanzielle Entlastung und die Möglichkeit der steuerwirksamen Dotierung sprechen aus Unternehmenssicht für diese Option, wenngleich sie mit komplexen aufsichtsrechtlichen und versicherungsmathematischen Anforderungen verbunden ist.

Ebenfalls zu den möglichen De-Risking-Strategien zählt der Schuldbeitritt eines Dritten, etwa einer Konzernmutter oder einer Schwestergesellschaft. Durch den Schuldbeitritt übernimmt ein weiterer Schuldner die Haftung für die bestehenden Versorgungsverpflichtungen neben dem ursprünglichen Arbeitgeber. Dies kann zu einer Risikodiversifizierung oder einer besseren Rating-Einstufung der originär verpflichteten Gesellschaft führen. Gleichwohl bleiben die Verpflichtungen bilanziell häufig beim ursprünglichen Arbeitgeber bestehen, weshalb der Schuldbeitritt nicht zwingend eine vollständige Risikoverlagerung bewirkt.

In den letzten Jahren ist ein weiterer Weg in den Fokus geraten, der sowohl gesellschaftsrechtlich als auch haftungs- und steuerrechtlich innovative Lösungen erfordert: die Gründung sogenannter Rentnergesellschaften unter Einsatz professionaler Anbieter, die die Rentnergesellschaft erwerben.

Rentnergesellschaften sind juristische Personen, die keine operative Geschäftstätigkeit (mehr) ausüben, sondern ausschließlich dazu dienen, Pensionsverpflichtungen gegenüber ehemaligen Mitarbeitern zu verwalten und zu erfüllen. Die Rentnergesellschaft übernimmt die Rolle des Versorgungsschuldners und zahlt künftig die zugesagten Leistungen an die ehemaligen Mitarbeiter aus. Sie sind spezialisiert auf die Administration und Abwicklung betrieblicher Altersversorgungsverpflichtungen, ohne eigene aktive Arbeitnehmer zu beschäftigen. Erfasst werden dabei sowohl Leistungsempfänger (z. B. Rentner, Hinterbliebene, Invalide) als auch ehemalige Mitarbeiter mit unverfallbaren Anwartschaften, die nicht mehr im Unternehmen tätig sind.

Die Gründung einer solchen Gesellschaft bietet Unternehmen den Vorteil, ihre Bilanz gezielt von Pensionslasten zu befreien, insbesondere wenn die Verpflichtungen gegen Einlage oder vertragliche Ausgleichsleistungen wirtschaftlich abgesichert werden. Zudem kann sich ein solcher Pension Buy-out über eine Rentnergesellschaft in der Liquidation als Alternative zu der gesetzlich in § 4 Absatz 4 BetrAVG vorgesehenen Liquidationsversicherung darstellen.

Rentnergesellschaften sind juristische Personen, die keine operative Geschäftstätigkeit (mehr) ausüben.

Die Gründung einer Rentnergesellschaft: originäre versus abgeleitete Rentnergesellschaft

Die Entstehung von Rentnergesellschaft kann in zwei Varianten erfolgen: als originäre oder abgeleitete Rentnergesellschaft.

Bei der originären Rentnergesellschaft handelt es sich um eine Neugründung, auf die im Wege der Spaltung nach dem Umwandlungsgesetz Versorgungsverpflichtungen sowie die diese Verpflichtungen bedeckenden Vermögenswerte übertragen werden. Die Spaltung kann – je nach Zielsetzung und Gesellschafterstruktur – als Abspaltung oder Ausgliederung gestaltet werden. Diese Form der Rentnergesellschaft dürfte die in der Praxis verbreitetere Form der Rentnergesellschaft sein, insbesondere im Zusammenhang mit M&A-Transaktionen und eines Pension Buy-outs unter Einbeziehung eines professionellen Anbieters.

Im Gegensatz dazu entsteht die abgeleitete Rentnergesellschaft durch Funktionswandel einer bereits bestehenden Gesellschaft, deren operatives Geschäft vollständig eingestellt oder im Zuge einer Transaktion – etwa durch einen Asset Deal – auf ein anderes Unternehmen übertragen wurde. Zurück bleiben lediglich die Pensionsverpflichtungen und die sie deckenden Vermögenswerte. Derartige Gesellschaften werden häufig im Kontext von Liquidationen oder Restrukturierungen genutzt, bei denen die Gesellschaftsstruktur erhalten, das operative Risiko aber beseitigt wird.

Abgeleitete Rentnergesellschaften sollen im weiteren Verlauf dieses Beitrags nicht beleuchtet werden. An dieser Stelle soll jedoch auf den wesentlichen Unterschied zwischen einer originären und einer abgeleiteten Rentnergesellschaft hingewiesen werden. Für die abgeleitete Rentnergesellschaft hat das Bundesarbeitsgericht strenge Ausstattungsvoraussetzungen aufgestellt (vgl. hierzu im Einzelnen nachfolgend unter Ziffer 2 des Kapitels „Fokus: Vorgaben des Umwandlungsrechts und finanzielle Ausstattung der Rentnergesellschaft“).

Für die abgeleitete Rentnergesellschaft hat das Bundesarbeitsgericht strenge Ausstattungsvoraussetzungen aufgestellt.

Für die originäre Rentnergesellschaft bestehen weniger strenge Vorgaben. Das Bundesarbeitsgericht (BAG) hat vielmehr festgestellt, dass ein Unternehmen, welches aufgrund der Veräußerung seines operativen Geschäfts infolge Betriebsübergangs zur Rentnergesellschaft wird, sich auch dann auf eine unzureichende wirtschaftliche Lage im Sinne des § 16 Abs. 1 und 2 BetrAVG berufen darf, wenn die Gesellschaft von vornherein nicht so ausgestattet wurde, dass sie neben den laufenden Rentenzahlungen künftige gesetzliche Anpassungen finanzieren kann. Eine unzureichende Kapitalausstattung allein begründet demnach keinen Schadensersatzanspruch der Versorgungsberechtigten, solange sich die Rentnergesellschaft objektiv in einer wirtschaftlichen Lage befindet, die eine Anpassung ausschließt (Urteil vom 17. Juni 2014 – 3 AZR 298/13).

Allgemeine (arbeitsrechtliche) Aspekte

Überblick der arbeitsrechtlichen Aspekte

Im Rahmen einer Abspaltung von Pensionsverpflichtungen geht deren rechtliche Verantwortung im Außenverhältnis auf den aufnehmenden Rechtsträger über. Dieser wird damit neuer Schuldner gegenüber den Versorgungsberechtigten und übernimmt sämtliche sich aus der betrieblichen Altersversorgung ergebenden Verpflichtungen. Zu den auf den neuen Versorgungsträger übergehenden Verpflichtungen zählt die gesetzliche Ausfallhaftung nach § 1 Abs. 1 Satz 3 BetrAVG. Ebenso tritt der aufnehmende Rechtsträger in die Beitragsverpflichtung gegenüber dem Pensions-Sicherungs-Verein (PSVaG) ein, soweit die übernommenen Verpflichtungen gegen Insolvenz abgesichert werden müssen.

Versorgungsverpflichtungen gegenüber aktiven Arbeitnehmern können nicht Gegenstand einer Spaltung und Übertragung auf eine Rentnergesellschaft sein.

Neben der rechtlichen Schuldnerschaft geht die praktische Verantwortung für die Abwicklung und Verwaltung der Pensionsverpflichtungen – etwa Rentenzahlungen, Anpassungsprüfungen und Kommunikation mit den Leistungsberechtigten – vollständig auf den aufnehmenden Rechtsträger über. Durch diesen umfassenden Übergang der Verpflichtungen und Pflichten wird der übertragende Rechtsträger im Außenverhältnis zu den Versorgungsberechtigten und gegenüber Dritten grundsätzlich von seiner Haftung freigestellt. Voraussetzung hierfür ist jedoch eine wirksame und ordnungsgemäß vollzogene Spaltung im Sinne des Umwandlungsgesetzes.

Eingeschränkter Kreis von Versorgungsberechtigten

Auf eine Rentnergesellschaft können durch eine Spaltung Versorgungsverpflichtungen gegenüber Betriebsrentnern sowie ehemaligen Arbeitnehmern mit unverfallbaren Anwartschaften (UVAs) übertragen werden.

Versorgungsverpflichtungen gegenüber aktiven Arbeitnehmern können nicht Gegenstand einer Spaltung und Übertragung auf eine Rentnergesellschaft sein. Hier bietet es sich in der Praxis an, in der Kaufvertragsverhandlungen mit einem professionellen Anbieter bereits Regelungen über die künftige Übertragung der zum Zeitpunkt der Spaltung noch nicht übertragbaren Versorgungsverpflichtungen zu treffen, beispielsweise durch „Bündelungsabreden". Wenn eine bestimmte Anzahl an Arbeitsverhältnissen mit zum Zeitpunkt der ersten Spaltung aktiven

Arbeitnehmern künftig beendet (diese also zu UVAs werden) ist und/oder eine bestimmte Höhe weiterer übertragungsfähiger Versorgungsverpflichtungen entsteht, wird eine weitere bzw. weitere Spaltungen auf die Rentnergesellschaft durchgeführt. Durch solche „Bündelungsabreden" können die wirtschaftlichen Kriterien für die Durchführung der Spaltung sowie den finanziellen Ausgleich bereits vorab geregelt werden.

Die Übertragung von Versorgungsverpflichtungen wirft zahlreiche Sonderthemen auf.

Gegenstand einer Spaltung und Übertragung von Versorgungsverpflichtungen auf eine Rentnergesellschaft können auch Versorgungsverpflichtungen gegenüber Fremdgeschäftsführern (also Geschäftsführern mit keinen oder nur unwesentlichen Anteilen am Unternehmen) sowie Gesellschafter-Geschäftsführern sein. Die Übertragung solcher Versorgungsverpflichtungen wirft zahlreiche Sonderthemen auf, die in diesem Beitrag nicht weiter beleuchtet werden sollen.

Keine Zustimmungspflicht, aber Kommunikation als Schlüsselelement

Weder für die Spaltung zur Errichtung einer Rentnergesellschaft noch für deren Übertragung auf einen externen Träger ist eine Zustimmung der Versorgungsberechtigten, des Betriebsrats sowie anderer Arbeitnehmervertreter oder des Pensions-Sicherungs-Vereins erforderlich. Das Umwandlungsgesetz verlangt lediglich eine Information des Betriebsrats durch Vorlage des Spaltungsvertrags (§ 126 Absatz 3 Umwandlungsgesetz (UmwG)).

Dieses einfache Verfahren ermöglicht eine vergleichsweise flexible und zügige Umsetzung, oft innerhalb von drei bis sechs Monaten – ein Umstand, der Rentnergesellschaften insbesondere für den Einsatz im Rahmen von M&A-Transaktionen attraktiv macht.

Ungeachtet dieser rechtlichen Erwägungen gilt in der Praxis, dass Kommunikation und eine offene Einbindung von Arbeitnehmervertretern unerlässlich sind.

In Bezug auf die Arbeitnehmervertreter sind zur Sicherstellung des Erfolgs und der Akzeptanz eines Pension Buy-out Projekts, Betriebsräte, Gewerkschaftsvertreter und Arbeitnehmervertreter in einem mitbestimmten Aufsichtsrat früh mit an Bord zu nehmen und ihnen die Vorteile des beabsichtigten Projektes darzustellen. Auch gilt es Vorbehalte abzubauen, dass es infolge der Übertragung zu einer Schlechterstellung der betroffenen Betriebsrentner und UVAs kommen könnte (insbesondere, wenn die Rentnergesellschaft wider Erwarten in Zahlungsschwierigkeiten kommen könnte). Mit den Arbeitnehmervertretern sollten hier offen und transparent über Berechnungsgrundlagen besprochen werden.

Eine ausreichende Kommunikation (einschließlich über FAQ) sollte auch gegenüber den durch den Pension Buy-out betroffenen Betriebsrentnern und UVAs sichergestellt werden. Hier gilt es unter anderem zu erläutern, dass der Schutz der Versorgungsansprüche über den Pensionssicherungsverein auch nach der Übertragung der Versorgungsverpflichtungen auf eine Rentnergesellschaft und nach Erwerb durch einen professionellen Anbieter erhalten bleibt.

Fokus: Vorgaben des Umwandlungsrechts und finanzielle Ausstattung der Rentnergesellschaft

Regelungen im Umwandlungsgesetz

Die umwandlungsrechtliche Nachhaftung gemäß § 133 Absatz 3 UmwG

Bei einer umwandlungsrechtlichen Spaltung gilt der Gläubigerschutz durch die gesamtschuldnerische Nachhaftung gemäß § 133 UmwG. Für die Verbindlichkeiten der übertragenden Gesellschaft, die vor dem Wirksamwerden der Spaltung begründet worden sind, haften beide an der Spaltung beteiligten Gesellschaften als Gesamtschuldner (§ 133 Absatz 1 Satz 1 UmwG).

Eine ausreichende Kommunikation sollte sichergestellt werden.

Generell haftet die Gesellschaft, der die Verbindlichkeiten im Spaltungsvertrag nicht zugewiesen worden sind, für diese Verbindlichkeiten, wenn sie vor Ablauf von fünf Jahren nach der Spaltung fällig und daraus Ansprüche gegen sie in einer näher geregelten Art festgestellt oder geltend gemacht werden (§ 133 Absatz 3 Satz 1 UmwG).

Gegenüber dieser grundsätzlichen 5-Jahresfrist wird der Gläubigerschutz für Ansprüche aus betrieblicher Altersversorgung noch erhöht. Für vor dem Wirksamwerden der Spaltung begründete Versorgungsverpflichtungen aufgrund des Betriebsrentengesetzes beträgt die gesamtschuldnerische Nachhaftungsfrist zehn Jahre (§ 133 Absatz 3 Satz 3 UmwG).

Das übertragende Unternehmen haftet somit für laufende Rentenzahlungen an Betriebsrentner oder werdende Betriebsrentner bis zum Ablauf von zehn Jahren nach dem Wirksamwerden der Ausgliederung als Gesamtschuldner (vgl. etwa Henssler, RdA 2023, 20, 24).

Im Spaltungsvertrag finden sich regelmäßig wechselseitige Freistellungen für die Nachhaftung. Wenn ein Betriebsrentner das übertragende Unternehmen als Gesamtschuldner der Rentenzahlung in Anspruch nimmt, steht dem übertragenden Unternehmen aufgrund der Zuweisung im Spaltungsvertrag ein Anspruch auf Freistellung gegen die Rentnergesellschaft zu. Im Innenverhältnis wird das übertragende Unternehmen also rechtlich und, solange die Rentnergesellschaft leistungsfähig ist, auch wirtschaftlich bereits vor Ablauf der Zehnjahresfrist entpflichtet.

In der Praxis ist zu beobachten, dass Unternehmen der Aspekt der zehnjährigen umwandlungsrechtlichen Nachhaftung eine allzu große Bedeutung zugemessen wird.

In der Praxis ist zu beobachten, dass Unternehmen der Aspekt der zehnjährigen umwandlungsrechtlichen Nachhaftung eine allzu große Bedeutung zugemessen wird. Aufgrund der (tendenziellen) Überdeckung der in den ersten zehn Jahren fälligen Rentenzahlungen bei ordnungsgemäßer Ausstattung dürfte die Nachhaftung praktisch selten sein (vgl. hierzu Seite 79 des Kapitels „Besondere rechtliche Anforderungen im Kontext von Rentnergesellschaften" im VEDRA-Beitrag). Zudem wird die Nachhaftung durch eine entsprechende vertragliche Gestaltung des Kaufvertrags (beispielsweise durch die Regelung einer besonders konservativer Anlage des auf die ersten zehn Jahre entfallenden Betrags der finanziellen Ausstattung der Rentnergesellschaft sowie wechselseitige Freistellungen) weiter verringern. Wer die Sicherheit weiter erhöhen will, kann beispielsweise über Garantien durch Finanzinstitute nachdenken.

Keine Sicherheitsleistung durch das übertragende Unternehmen

Das Erfordernis einer Sicherheitsleistung gemäß § 22 UmwG wird regelmäßig ausscheiden. Zwar gilt § 22 UmwG aufgrund der allgemeinen Verweisung in § 125 UmwG grundsätzlich auch bei der Spaltung der zusätzliche Gläubigerschutz gemäß § 22 UmwG. Danach ist den Gläubigern der an der Spaltung beteiligten Rechtsträger Sicherheit zu leisten, wenn sie binnen sechs Monaten nach dem Tag, an dem die Eintragung der Spaltung bekanntgemacht worden ist, ihren Anspruch nach Grund und Höhe anmelden und glaubhaft machen, dass die Erfüllung ihrer Forderung durch die Spaltung gefährdet wird (§§ 125, 22 Absatz 1 Satz 1 und 2 UmwG). Eine Pflicht des übertragenden Unternehmens, den Gläubigern der Pensionsansprüche Sicherheit zu leisten, scheidet regelmäßig aus drei Gründen aus (vgl. etwa Passarge/Torwegge, Die GmbH in der Liquidation, 3. Aufl. 2020, Rn. 592):

- Die Ausgliederung von Pensionsverpflichtungen auf eine Rentnergesellschaft berührt die rechtliche Absicherung der Versorgungsansprüche grundsätzlich nicht, sofern das übertragene Planvermögen ausreichend bemessen ist. Bei ausreichender Bemessung ist gewährleistet, dass die Rentnergesellschaft in der Lage ist, die übernommenen Leistungen dauerhaft zu erfüllen.
- Kommt es dennoch zum Ausfall der Rentnergesellschaft, greift die gesetzliche Insolvenzsicherung durch den PSVaG. In einem solchen Fall besteht kein Anspruch der Versorgungsberechtigten auf bevorzugte Befriedigung aus einer staatlich überwachten Deckungsmasse, wie sie § 22 Absatz 2 UmwG für bestimmte Fälle vorsieht. Auch ein Anspruch des PSVaG auf Sicherheitsleistung gegenüber dem abspaltenden Unternehmen besteht nicht, da zum Zeitpunkt der Ausgliederung noch keine Forderung des PSVaG gegen das Unternehmen besteht. Der Anspruch des PSVaG entsteht erst im Insolvenzfall mit dem gesetzlichen Forderungsübergang (§ 9 Absatz 2 BetrAVG).

Kommt es zum Ausfall der Rentnergesellschaft, greift die gesetzliche Insolvenzsicherung durch den PSVaG.

- Darüber hinaus ist nur derjenige Rechtsträger zur Sicherheitsleistung verpflichtet, dem die jeweilige Verbindlichkeit im Spaltungsvertrag zugewiesen wurde. Dies ergibt sich aus § 133 Absatz 1 Satz 2 Halbsatz 2 UmwG. Hauptschuldner der Pensionsverpflichtungen – und damit sicherungsleistungsverpflichtet – ist demnach die aufnehmende Rentnergesellschaft, nicht das abspaltende Ursprungsunternehmen.

Vorgaben der Rechtsprechung zur finanziellen Ausstattung der Rentnergesellschaft

Die Vorgaben des Bundesarbeitsgerichts – Urteil vom 11. März 2008 – 3 AZR 358/06

Das BAG hat in seiner Entscheidung vom 11. März 2008 Maßstäbe für die Kapitalausstattung einer Rentnergesellschaft formuliert, um sicherzustellen, dass eine wirksame und dauerhafte Übertragung von Versorgungsverpflichtungen auf eine solche Gesellschaft arbeitsrechtlich Bestand hat. In gewisser Hinsicht fungieren diese Ausstattungsvorgaben als Ersatz für das Fehlen aufsichtsrechtlicher Eigenkapitalanforderungen wie sie beispielsweise für Pensionsfonds bestehen.

Nur bei ausreichender Kapitalausstattung kann von einer vollständigen und endgültigen Enthaftung ausgegangen werden.

Zentral ist die wirtschaftliche Leistungsfähigkeit der Rentnergesellschaft. Diese muss so ausgestattet sein, dass sie nicht nur in der Lage ist, die laufenden Betriebsrenten dauerhaft zu bedienen, sondern die gesetzlichen Rentenanpassungen nach § 16 BetrAVG realistisch erfüllen kann. Die Ausstattung muss das Langlebigkeitsrisiko der Berechtigten und künftige Inflationsentwicklungen einbeziehen. Das BAG fordert in diesem Zusammenhang die

- Verwendung anerkannter versicherungsmathematischer Annahmen und eines realistischen und kaufmännischen vorsichtigen Rechnungszinses, der dem langfristigen Kapitalmarktniveau entspricht (circa 3 % bis 6 %).
- Berücksichtigung des durchschnittlichen Kaufkraftverlustes über die letzten 20 Jahre sowie
- Anwendung der aktuellen Sterbetafeln der Versicherungswirtschaft DAV

Darüber hinaus betont das Gericht, dass der auslagernde Arbeitgeber seine arbeitsrechtliche Fürsorgepflicht verletzt, wenn er die Rentnergesellschaft bewusst unzureichend ausstattet und damit das Risiko einer späteren Leistungskürzung auf die Betriebsrentner verlagert. Nur bei ausreichender Kapitalausstattung kann von einer vollständigen und endgültigen Enthaftung („full settlement") ausgegangen werden. Maßstab ist dabei nicht allein die zivilrechtliche Wirksamkeit der Übertragung, sondern auch der Gesichtspunkt des Vertrauensschutzes und der Sicherung der Versorgungsinteressen ehemaliger Arbeitnehmer. Dabei besteht keine Pflicht für das übertragende Unternehmen, die finanzielle Ausstattung durch eine Zahlung zu leisten.

Das BAG macht jedoch ebenfalls deutlich, dass eine spätere wirtschaftliche Schwäche der Rentnergesellschaft nicht automatisch zu einer Haftung des früheren Arbeitgebers führt. Entscheidend ist vielmehr, ob die Gesellschaft zum Zeitpunkt der Ausgliederung auf Grundlage realistischer Annahmen mit den erforderlichen Mitteln ausgestattet wurde, um ihre Verpflichtungen dauerhaft erfüllen zu können. Fehlt es daran, kann eine arbeitsrechtliche Haftung oder eine Rückbindung des Arbeitgebers in Betracht kommen.

„Praxisproblem" – Welcher Rechnungszins soll dem „Ausstattungsgutachten" zugrunde gelegt werden?

Diese Leitlinien des Bundesarbeitsgerichts bilden bis heute sicherlich den zentralen Maßstab für die rechtssichere Auslagerung von Versorgungsverpflichtungen im Rahmen der Gründung oder Nutzung von Rentnergesellschaften im Rahmen eines Pension Buy-outs.

Jedoch haben sich die bilanziellen und ökonomischen Rahmenbedingungen nicht zuletzt durch das Bilanzrechtsmodernisierungsgesetzes (BilMoG) seit dem Urteil des BAGs deutlich gewandelt. Im Zuge des Bilanzrechtsmodernisierungsgesetzes (BilMoG) hat das Handelsrecht den früher geltenden und der Entscheidung des BAGs zugrundliegenden „Bandbreite der Zinssätze" bei der Wahl des Rechnungszinses aufgegeben. Nach § 253 Absatz 1 HGB sind Rückstellungen nun in Höhe des „vernünftigerweise notwendigen Erfüllungsbetrags" zu bilden, was künftige Anpassungen berücksichtigt. Zugleich trat ein marktbasierter, von der Deutschen Bundesbank veröffentlichter Rechnungszins in Kraft (§ 253 Absatz 2 HGB), der auf der durchschnittlichen Marktrendite langfristiger Anleihen basiert. Bewertungsverfahren und Annahmen sind heute erläuterungspflichtig (§ 285 Nr. 24 HGB). Die Rückstellungsbewertung hat sich damit stärker an kapitalmarktbasierte Parameter angenähert.

Bewertungsverfahren und Annahmen sind heute erläuterungspflichtig.

Die Praxis steht damit vor der „Herausforderung", dass sich das Bilanzrecht auf der einen Seite zu marktbasierten Zinssätzen entwickelt hat. Ob die Anwendung rein marktbasierter Zinssätze jedoch auch den Maßstäben des BAGs – insbesondere hinsichtlich der geforderten nachhaltigen Leistungsfähigkeit von Rentnergesellschaften – uneingeschränkt genügt, ist aktuell offen. Eine ausdrückliche Klärung durch die Rechtsprechung steht aus.

Eine ähnliche „Herausforderung" stellt sich für die Praxis bei der Anwendung der DAV-Sterbetafeln, an deren „Einschlägigkeit" spätestens seit dem BilMoG gezweifelt werden darf (hier dürfte eine Anwendung der Heubeck-Sterbetafeln sicherlich sinnvoller sein).

Für übertragende Unternehmen gilt es daher einen Ansatz zu finden, der einen ausreichenden rechtlichen und finanziellen Komfort bietet. Ein Lösungsansatz kann beispielsweise darin bestehen, den höheren Betrag nach HGB- und IFRS-Bewertungsansätzen anzunehmen.

Ratsam ist für übertragenden Unternehmen – und nicht zuletzt auch für die beteiligten Geschäftsführer der übertragenden Gesellschaft zur Vermeidung einer Unter- oder Überzahlung – die Einholung eines aktuarischen und rechtlichen Gutachtens („Austattungsgutachten"), dass die Konformität der Ausstattung der Rentnergesellschaft mit den Vorgaben des BAGs bestätigt. In einem solchen Gutachten sollten Erwägungen zum Asset Liability Management, Stresstests und Konfidenzniveaus Eingang finden (vgl. hierzu Seite 79 des Kapitels „Besondere rechtliche Anforderungen im Kontext von Rentnergesellschaften" im VEDRA-Beitrag), um die (Rechts-)Sicherheit einer konformen Ausstattung der Rentnergesellschaft vor dem Hintergrund der geänderten bilanziellen und ökonomischen Rahmenbedingungen seit dem Urteil des BAGs zu erhöhen

Anlagerichtlinien und -vorschriften

Konkrete Vorgaben zu der von der Rentnergesellschaft zu beachtende Grundsätze für die Vermögensanlage (einschließlich zu Anlageklassen) durch die Rechtsprechung bestehen nicht. Das BAG hat in der Entscheidung vom 11. März 2008 ausdrücklich festgestellt, dass der Gesetzgeber für Rentnergesellschaften keine Anlagevorschriften geschaffen hat.

Beschränkungen für die Anlage des Vermögens der Rentnergesellschaft dürften aus der allgemeinen Fürsorgesorgepflicht des Arbeitgebers folgen, die die Rentnergesellschaft als „Nachfolger" des Unternehmens ebenfalls einzuhalten hat.

Das BAG hat in der Entscheidung vom 11. März 2008 ausdrücklich festgestellt, dass der Gesetzgeber für Rentnergesellschaften keine Anlagevorschriften geschaffen hat.

Man wird zu verlangen haben, dass das Kapitalanlagen-Management „professionell und zugleich unter Vermeidung kaufmännisch unvernünftiger Risiken" (vgl. Henssler, RdA 2023, 20, 21) und damit insbesondere diversifiziert und langfristig erfolgt. In diesem Rahmen hat die Rentnergesellschaft Flexibilität bei der Wahl der Kapitalanlage(form). Die Rentnergesellschaft ist insbesondere nicht verpflichtet, die Anlagevorschriften für Pensionskassen und Lebensversicherungsunternehmen (Vgl. beispielsweise § 33 Absatz 2 der Satzung des Versorgungswerks der Rechtsanwälte im Lande Hessen) anzuwenden. Es besteht auch keine Begrenzung auf die Kapitalanlagerichtlinien für Versorgungswerke, die für die Kapitalanlage in den Satzungen zumeist auf die Anlagevorschriften für kleine Versicherungsunternehmen (§ 215 Versicherungsaufsichtsgesetz) und/oder Pensionskassen verweisen.

Für die Praxis relevant sind Regelungen und Vereinbarungen zu durch die Rentnergesellschaft bzw. den professionellen Pension Buy-out-Anbieter einzuhaltenden Anlagerichtlinien im Kaufvertrag. Eine tiefgehende Auseinandersetzung mit dem Investmentansatz des Anbieters ist nicht nur vor dem Hintergrund der Vermeidung nachträglicher Haftung für das übertragende Unternehmen und der beteiligten Geschäftsführer unerlässlich. Der Investmentansatz des Anbieters sollte integraler Bestandteil des Ausstattungsgutachtens sein.

Der Investmentansatz des Anbieters sollte integraler Bestandteil des Ausstattungsgutachtens sein.

Überblick zur Erhöhung laufender Renten gemäß § 16 BetrAVG

Rentnergesellschaften sind bei der Anpassungsprüfung nach § 16 BetrAVG nicht grundsätzlich anders zu behandeln. Eine Verpflichtung zur Anpassung der laufenden Betriebsrenten besteht auch bei ihnen nur, wenn aus dem vorhandenen Vermögen nachhaltige Wertzuwächse erzielt werden, die über eine angemessene Eigenkapitalverzinsung hinausgehen. Voraussetzung ist dabei, dass zumindest der sogenannte Basiszins erreicht wird. Ein darüber hinausgehender Risikozuschlag wird durch die Rechtsprechung nicht anerkannt.

Darüber hinaus hat der Arbeitgeber im Fall einer umwandlungsrechtlichen Ausgliederung sicherzustellen, dass die Rentnergesellschaft so ausgestattet ist, dass sie nicht nur die laufenden Renten leisten kann, sondern auch in der Lage ist, die gesetzlich vorgesehene Anpassung alle drei Jahre in Höhe des durchschnittlichen Kaufkraftverlusts der vergangenen 20 Jahre vorzunehmen. Eine Ausstattung der Gesellschaft mit unzureichenden Mitteln kann im Fall bewusster Unterkapitalisierung als rechtsmissbräuchlich gewertet werden. In einem solchen Fall ist es der Gesellschaft nach Treu und Glauben (§ 242 BGB) verwehrt, sich auf ihre eingeschränkte wirtschaftliche Leistungsfähigkeit zu berufen.

Übersicht über relevante Aspekte vertraglicher Gestaltung eines Pension Buy-outs

Ein Pension Buy-out vollzieht sich typischerweise in mehreren strukturierten Schritten, die sich funktional mit dem Ablauf klassischer M&A-Transaktionen verzahnen lassen.

Verpflichtung des professionellen Pension Buy-out-Anbieters auf die einzuhaltenden Anlagerichtlinien.

Zu Beginn steht eine grundlegende Analysephase, in der die wirtschaftliche und rechtliche Umsetzbarkeit geprüft wird. Dabei werden erste Annahmen zur Höhe der Verpflichtungen getroffen, Risiken identifiziert und ein grober Finanzierungsbedarf abgeleitet – unter Berücksichtigung versicherungsmathematischer Grundlagen, Kapitalmarktdaten und bilanzieller Effekte. Diese Annahmen werden – zumeist nach der Erstellung eines indikativen Angebots durch den Anbieter – in einer Due Diligence-Phase auf ihre Belastbarkeit überprüft und verfeinert. In einem nächsten Schritt schließen sich die vertragliche und gesellschaftsrechtliche Umsetzung an.

Zentrale Elemente für eine erfolgreiche Umsetzung und Gestaltung sind in den Kapiteln „Gesellschaftsrechtliche Trennung" (Seite 85) sowie „Umsetzung einer erfolgreichen Transaktion" (Seite 87) im vorhergehenden Fachbeitrag dargestellt.

Elemente der Vertragsgestaltung im Rahmen eines Pension Buy-outs können unter anderem die folgenden Aspekte betreffen:

- Verpflichtung des professionellen Pension Buy-out-Anbieters auf die einzuhaltenden Anlagerichtlinien. Hier wird regelmäßig zu berücksichtigen sein, dass Anlagerichtlinien nicht über die gesamte „Lebensdauer" einer Rentnergesellschaft festgeschrieben sein können. Eine Festschreibung für einen gewissen Zeithorizont (etwa die ersten fünf Jahre der Rentnergesellschaft) und mehr oder minder strenge Vorgaben für eine künftige Änderung der Anlagerichtlinien können jedoch im Einzelfall angemessene und für beide Parteien akzeptable Kompromisslösung sein.
- Vorgaben zur Anlage des auf die in den ersten zehn Jahren nach Eintragung der Spaltung fällig werdenden Rentenzahlungen. Der Umfang und der Detailgrad solcher Regelungen dürfte regelmäßig davon abhängen, wie hoch das übertragende Unternehmen das Risiko einer umwandlungsrechtlichen Nachhaftung gemäß § 133 Absatz 3 UmwG einschätzt.
- Regelungen zur Ausgestaltung der Treuhandvereinbarungen (CTA) der Rentnergesellschaft und spezielle Vorgaben zur Ausschüttung und Rückzahlung von Planvermögen an die Rentnergesellschaft.
- Vorgaben zur erstmaligen Ausschüttung von Überschüssen und die allgemeinen Vorgaben für Ausschüttungen an den professionellen Pension Buy-out-Anbieter. Hier bietet sich für die Praxis an, ähnlich

wie bei CTAs, Mindestdotierungen der Rentnergesellschaft als Maßstab für eine zulässige Ausschüttung heranzuziehen.

- Regelungen zu einem künftigen Weiterverkauf der Rentnergesellschaft durch den professionellen Pension Buy-out-Anbieter sowie zur Verschmelzung der Rentnergesellschaft, die die Pensionsverpflichtungen des übertragenen Unternehmens „hält", auf andere Rentnergesellschaften des professionellen Pension Buy-out-Anbieters. Hier wird rein ökonomisch in die Bewertung einzustellen sein, dass eine Verschmelzung auf andere Rentnergesellschaften ab einem gewissen Zeitpunkt, in dem sich die Versorgungsverpflichtungen reduziert haben, ökonomisch durchaus sinnvoll sein wird.
- Allgemeine Compliance-Regelungen (beispielsweise zu Aufwendungen und Gehaltszahlungen) sowie – insbesondere bei Transaktionen mit großen Verpflichtungsbeständen – ein Beirat oder ähnliches Gremium, dem Vertreter des übertragenden Unternehmens angehören.

Zusammenfassende Überlegungen

Pension Buy-outs über Rentnergesellschaften stellen ein zunehmend anerkanntes und praktikables Instrument zur nachhaltigen Entlastung von Unternehmen von ihren Verpflichtungen aus der betrieblichen Altersversorgung dar. Die rechtlichen Rahmenbedingungen – insbesondere aus dem Umwandlungs-, Gesellschafts- und Arbeitsrecht – ermöglichen eine strukturierte und rechtssichere Übertragung dieser Verpflichtungen auf eine hierfür gegründete Rentnergesellschaft.

Bei sachgerechter Ausgestaltung kann diese Struktur nicht nur zu einer vollständigen Enthaftung im Außenverhältnis führen, sondern auch zur Konsolidierung der bilanziellen Risiken und zur Vereinfachung der Administration. Entscheidend ist dabei, dass die Rentnergesellschaft mit einer angemessenen Kapitalausstattung versehen wird, die nicht nur die laufenden Rentenzahlungen sicherstellt, sondern auch den gesetzlichen Anpassungsanforderungen genügt.

Entscheidend ist, dass die Rentnergesellschaft mit einer angemessenen Kapitalausstattung versehen wird.

Für die Praxis empfiehlt es sich, die ausreichende Kapitalausstattung der Rentnergesellschaft durch ein Ausstattungsgutachten abzusichern, das sich unter anderem an realistischen Erwartungen zur Ertragslage und Wertentwicklung des Planvermögens orientiert. Gleichzeitig bietet der Pension Buy-out über eine Rentnergesellschaft erhebliche Flexibilität im Transaktionskontext, insbesondere im Rahmen von M&A-Prozessen. Der formalisierte Ablauf – von der Machbarkeitsprüfung über die versicherungsmathematische Bewertung bis zur finalen Migration – lässt sich gut in bestehende Transaktionsstrukturen integrieren. Auch steuerlich kann das Modell bei sorgfältiger Planung vorteilhaft ausgestaltet werden. Insgesamt stellt der Pension Buy-out über eine Rentnergesellschaft ein modernes, rechtlich fundiertes und ökonomisch sinnvolles Gestaltungsinstrument dar, das den Anforderungen eines zunehmend komplexen und risikosensiblen Unternehmensumfelds gerecht wird. ●

Autoren- und Unternehmensporträts

Autoren- und Unternehmensporträts

Dr. Christopher Fischer ist seit 2024 Partner im Frankfurter Büro von Clifford Chance im Bereich Arbeitsrecht und betriebliche Altersversorgung. Er berät in allen Aspekten des individuellen und kollektiven Arbeitsrechts, insbesondere im Zusammenhang mit arbeitsrechtlichen Restrukturierungen sowie des Erwerbs von Unternehmen. Darüber hinaus verfügt Herr Dr. Fischer über umfangreiche Erfahrung bei der Gestaltung der Vergütung von Finanzinstituten und Alternativen Investmentfonds sowie der betrieblichen Altersversorgung. Im Rahmen der betrieblichen Altersversorgung berät Christopher Fischer insbesondere zum Pension De-Risking und hat bereits erste Pension Buy-out-Prozesse anwaltlich begleitet.

Clifford Chance ist eine internationale Anwaltssozietät mit weltweit rund 6.000 Mitarbeitenden in 23 Ländern auf fünf Kontinenten. Als eine vollständig integrierte, globale Partnerschaft sind wir stolz auf unsere pragmatische und teamorientierte Arbeitsweise. Wir sind stets bestrebt, die Erwartungen unserer Mandanten zu übertreffen, zu denen Unternehmen aus allen kommerziellen und industriellen Sektoren, Regierungen, Aufsichtsbehörden, Handelsorganisationen und gemeinnützige Organisationen gehören. Wir bieten Beratung und Rechtsberatung auf höchstem Niveau, die die globalen Standards der Sozietät mit umfassender lokaler Expertise verbinden. In Deutschland vertreten rund 300 Anwälte und Anwältinnen in Büros in Frankfurt am Main, München und Düsseldorf mit ausgewiesener fachlicher Expertise und internationaler Erfahrung die Interessen unserer Mandanten.

▶ **KONTAKT:** Clifford Chance
Partnerschaft mit beschränkter Berufshaftung
Dr. Christopher Fischer
Rechtsanwalt, Partner
Junghofstraße 14
60311 Frankfurt
Telefon: +49 69 7199-0
E-Mail: christopher.fischer@cliffordchance.com
Internet: www.cliffordchance.com/people_and_places/people/partners/de/christopher-fischer.html

Dr. Alexander Zanker leitet bei der Deka die Gruppe „Asset Management – Development" mit Fokus auf Pension- und Investmentlösungen für institutionelle Kunden. Gemeinsam mit seinem Team berät er institutionelle Investoren bei der Entwicklung ihrer strategischen Asset Allokation, beim Asset Liability Management sowie bei der Gestaltung kapitalmarktorientierter Anlagekonzepte in der Direktzusage. Vor seinem Wechsel zur Deka war Dr. Zanker als Investment Consultant bei Willis Towers Watson tätig, wo er internationale Kunden in Fragen der Kapitalanlagestrategie, Governance und Managerselektion begleitete. Er studierte Betriebswirtschaftslehre und promovierte über die Entwicklung von Wachstumsunternehmen. Dr. Zanker ist Chartered Financial Analyst (CFA) und Chartered Alternative Investment Analyst (CAIA).

Die **Deka** zählt zu den führenden Anbietern institutioneller Anlage- und Beratungslösungen in Deutschland – mit einem verwalteten Vermögen von über 390 Milliarden Euro und mehr als 100 Jahren Kapitalmarkterfahrung. Im Zentrum des institutionellen Angebots steht die umfassende Beratung und Betreuung von Kunden aus der betrieblichen Altersvorsorge. Ein besonderer Schwerpunkt liegt auf der Entwicklung und Umsetzung strategischer Asset Allokationen sowie effektiver De-Risking- und ALM-Konzepte mit maßgeschneiderten Anlagekonzepten. Neben ökonomischer Tragfähigkeit stehen dabei regulatorische Anforderungen und der bilanzielle Wirkungsgrad im Fokus. Im Bereich wertpapiergebundener Direktzusagen zählt die Deka zu den Vorreitern am Markt. Lebenszyklusmodelle – individuell abgestimmt auf Garantieniveau, Mitarbeitendenstruktur und Cashflow-Bedarf – ermöglichen Unternehmen eine attraktive und steuerbare Gestaltung der Altersvorsorge. Als Teil der Sparkassen-Finanzgruppe steht die Deka für Stabilität, Verlässlichkeit und die enge Verzahnung von Kapitalmarkt- und Kundenkompetenz – mit einem klaren Fokus auf langfristigen Erfolg und partnerschaftliche Beratung.

▶ **KONTAKT:** DekaBank Deutsche Girozentrale
Große Gallusstraße 14
60315 Frankfurt am Main
Telefon: +49 69 7147-2433
E-Mail: alexander.zanker@deka.de
Internet: www.deka-institutionell.de/

Dr. Guido Birkner ist Chefredakteur von dpn – Deutsche Pensions- und Investmentnachrichten sowie institutional assets in der F.A.Z. BUSINESS MEDIA GmbH. Guido Birkner ist seit dem Jahr 2000 für die F.A.Z.-Gruppe in verschiedenen Redakteurs- und Leitungsfunktionen tätig und gehört der dpn-Redaktion seit 2019 an. Er konzipiert und moderiert heute Events wie die „dpn ASSETS & LIABILITIES CONVENTION“ und das „institutional assets SCHWEIZ PENSION FORUM“, davor den „Deutschen Human Resources Summit“ und das „Praxisforum Total Rewards“. Guido Birkner hat Onlinemagazine und eine Informationsplattform für die Themenfelder HR, Compensation & Benefits, Total Rewards und betriebliche Altersversorgung entwickelt. Zudem publiziert er Studien und Bücher zur bAV, zur betrieblichen Mobilität und zu anderen Wirtschaftsthemen. Nach einem Geschichtsstudium in Köln und Heidelberg war er zunächst als wissenschaftlicher Mitarbeiter an der Universität Heidelberg tätig. Hier wurde er 2000 promoviert. Im selben Jahr wechselte er zur F.A.Z.-Gruppe.

Goran Culjak legt seinen Schwerpunkt auf die betriebliche Altersvorsorge und das Pensionsmanagement. Die Entwicklung des Renten- und Arbeitsmarkts sowie Corporate Benefits gehören auch zu seinen Themenfeldern. Bevor er sich im November 2022 der F.A.Z. Business Media anschloss, arbeitete er knapp acht Jahre bei PLATOW als Fachredakteur für Versicherung und Altersvorsorge. Dort war er auch zuständig für den Börsenbrief PLATOW Emerging Markets sowie die Spezialpublikation „Altersvorsorge“ und etablierte die Risikomanagementkonferenz. Goran Culjak startete 2004 als Pressereferent bei Union Investment seine berufliche Laufbahn. 2008 wechselte er als Redakteur zum Portfolio Verlag. Er studierte BWL bis zum Diplom (FH) in Frankfurt sowie an der PFH Private Hochschule Göttingen mit den Schwerpunkten Produktionsmanagement/Logistik und Sportmanagement.

Die **F.A.Z. BUSINESS MEDIA GmbH** ist der Fachverlag der F.A.Z.-Gruppe für Finanzen und Wirtschaft. Zum Fachverlagsverbund gehört unter anderem der Kommunikationsdienstleister F.A.Z.-Institut für Management-, Markt- und Medieninformationen GmbH. Mit über 100 Mitarbeiterinnen und Mitarbeitern an fünf deutschen Standorten sind wir mit Leidenschaft immer nah am Kunden. F.A.Z. BUSINESS MEDIA ist der Relevanzführer unter den berufsorientierten deutschen Fachverlagen: Wir bauen die wichtigsten Veranstaltungs- und Medienplattformen für Berufsträger in Finanzen und Wirtschaft. Die mit rund 2.500 Gästen größte deutsche Finanzfachveranstaltung für Treasurer und CFOs, die „Structured FINANCE“, und das Magazin „FINANCE“ sind die Leuchttürme in unserem Portfolio.

▶ **KONTAKT:** F.A.Z. BUSINESS MEDIA GmbH
Dr. Guido Birkner, Goran Culjak
Pariser Straße 1
60486 Frankfurt am Main
Telefon: +49 69 75 91–32 51
+49 69 75 91–31 33
E-Mail: guido.birkner@faz-bm.de
goran.culjak@faz-bm.de
Internet: www.faz-bm.de

Wolfgang Murmann ist seit September 2024 als Head of Workplace Consulting bei Fidelity International tätig, um das Beratungsgeschäft von Fidelity in Deutschland aufzubauen. Zuvor war er Niederlassungsleiter von Insight Investment in Deutschland. Murmann verfügt über mehr als 25 Jahre Berufserfahrung in den Bereichen Investment Banking, Rückversicherung und Asset Management. Sein inhaltlicher Schwerpunkt liegt auf der Strukturierung und Implementierung von maßgeschneiderten Anlage- und De-Risking-Lösungen für institutionelle Investoren. Murmann hält einen Bachelor of Business Administration der Frankfurt School of Finance & Management sowie einen MSc in Finance der Bayes Business School. Zudem hat er die Zusatzqualifikation zum Certified Corporate Treasurer VDT® erfolgreich abgeschlossen und ist Mitglied des Asset-Management-Ressorts des Verband Deutscher Treasurer e.V.

Dr. Maximilian Franke, CFA, ist Deputy Head of Workplace Consulting Germany bei Fidelity International. Von München aus berät er schwerpunktmäßig institutionelle Kunden zu Anlagestrategien und Risikomanagement, vor allem für deren leistungsorientierte und beitragsorientierte Pensionspläne. Herr Franke trägt auch zur Entwicklung von Fidelitys eigenen Risikomanagement-Tools bei. Zuvor war er mehr als sechs Jahre bei Mercer als Principal Investment Consultant tätig. Herr Franke studierte Finanzwirtschaft an der Universität Ulm und an der University of North Carolina. Teile seiner Dissertation wurden in der Financial Review und der Quarterly Review of Economics and Finance veröffentlicht.

Fidelity International bietet seinen Kunden weltweit Anlagelösungen und -dienstleistungen sowie Modelle zur Altersvorsorge an. Als inhabergeführtes Unternehmen mit einer über 50-jährigen Geschichte denken wir in Generationen und investieren langfristig. Wir sind an 25 Standorten vertreten und verwalten ein Vermögen von 571,5 Milliarden Euro (398,9 Milliarden Assets under Management und 172,6 Milliarden Euro Assets under Administration/Stand: 31.03.2025). Zu unseren Kunden gehören Unternehmen, Zentralbanken, Staatsfonds, Finanzinstitute, Versicherungen, Vermögensverwalter und Privatanleger. Unsere Sparte betriebliche Altersvorsorge bietet Arbeitgebern Zugang zu unseren erstklassigen Anlagemodellen, zu unserer modernen Administrationsplattform und Mitarbeiterkommunikation zur Ruhestandsplanung. Unser Wissen aus der Vermögensverwaltung kombinieren wir mit unseren betrieblichen Anlagelösungen und arbeiten so gemeinsam an einer besseren finanziellen Zukunft für unsere Kunden.

▶ **KONTAKT:** Fidelity International
Dr. Maximilian Franke
Kastanienhöhe 1
61476 Kronberg im Taunus
Telefon: +49 170 120 25 77
E-Mail: maximilian.franke@fil.com
Internet: www.fidelity.de/bav

Björn Feigl ist seit 2012 bei der Generali Deutschland AG in verschiedenen Positionen tätig. Aktuell verantwortet er als Leiter Wissens- und Vertragsmanagement bAV im Bereich Vertrieb und Betrieb Makler vielzählige Themen rund um die betriebliche Altersversorgung. Zuvor war er unter anderem als Teamleiter im Produktmanagement bAV für den Bereich Grundsatzfragen der betrieblichen Altersversorgung zuständig. Er ist Diplom Betriebswirt (FH) und Spezialist für betriebliche Altersversorgung (BWV).

Die **Generali** ist eine der führenden Erstversicherungsgruppen im deutschen Markt mit Beitragseinnahmen von 15 Milliarden Euro und mehr als 9 Millionen Kunden. Als Teil der internationalen Generali Group ist die Generali in Deutschland mit den Marken Generali, CosmosDirekt und Dialog in den Segmenten Leben, Kranken und Schaden/Unfall tätig. Die Produkte der Generali Deutschland Versicherungen sind exklusiv bei der Deutschen Vermögensberatung Unternehmensgruppe erhältlich. Ziel der Generali ist es, für ihre Kunden ein lebenslanger Partner zu sein, der dank eines hervorragenden Vertriebsnetzes im Exklusiv- und Direktvertrieb sowie im Maklerkanal innovative, individuelle Lösungen und Dienstleistungen anbietet.

Im zukunftsträchtigen Geschäftsfeld der betrieblichen Altersversorgung genießt der Konzern mit seinem eigenen KompetenzCenter Corporate Solutions einen hervorragenden Ruf. Regelmäßig attestieren ihm unabhängige Ratingagenturen exzellente Kompetenz in der bAV. Die Generali in Deutschland bietet attraktive Dienstleistungen und maßgeschneiderte, individuelle Lösungen für die bAV an.

▶ **KONTAKT:** Generali Deutschland AG
KompetenzCenter Corporate Solutions
Oeder Weg 151
60318 Frankfurt am Main
Telefon: +49 69 15 02–26 41
E-Mail: isabelle.weber@generali.com
Internet: www.generali.de

Thomas Nitschke, CFA, ist Gruppenleiter im Bereich Overlay und bAV. Er betreut ganzheitlich institutionelle Kunden der bAV bei klassischen Defined Benefit und Life-Cycle Defined Contribution Lösungen. Bevor er 2010 zur Helaba Invest kam, war er bei KPMG in der Beratung tätig. Er ist Diplom-Mathematiker und CFA Charterholder.

Christoph von Scheurl, CFA, ist Gruppenleiter im Bereich Multi Asset. Zuvor arbeitete er für Norges Bank Investment Management (NBIM), den norwegischen Staatsfonds, sowie für BNP Paribas Asset Management in internationalen Finanzzentren wie London, Boston und Paris als Senior Analyst und Portfoliomanager. Er ist gelernter Bankkaufmann und hält neben dem CFA-Titel einen MSc in Finance von der Bayes Business School (ehemals Cass Business School) sowie einen Diplom-Betriebswirt (FH) von der Hochschule München.

Helaba Invest steht seit über 30 Jahren für institutionelles Asset Management. 1991 als Tochtergesellschaft der Helaba gegründet zählen wir heute mit einem verwalteten Volumen von ca. 222 Mrd. Euro zu den führenden KVGen im deutschen Markt. Unsere Unternehmensstrategie basiert auf den drei Geschäftsfeldern Asset Management für liquide Wertpapiere, Alternative Investments und Asset Servicing (Administration). Dabei verstehen wir uns als Full-Service-Manager mit ausgewählten Kernkompetenzen. Über 60 Prozent des von uns betreuten Spezialfondsvermögens stammen aus der bAV (Versicherungsunternehmen, Pensionskassen, Versorgungswerke, CTAs, Pensionsfonds). Neben unserem Asset- und Risikomanagement-Know-how schätzen Kunden die langjährige Erfahrung der Helaba im Bereich der Bilanzstrukturierung. Zur Ausfinanzierung und Insolvenzsicherung der Pensionsverbindlichkeiten nutzen sie vielfach den Helaba Pension Trust. Als einer der wenigen Anbieter von Pensionslösungen bieten Helaba Invest und Helaba somit gemeinsam ein Leistungspaket aus einer Hand – von der Konzeption bis zur Implementierung im Asset Management sowie im Risiko- und Bilanzmanagement.

▶ **KONTAKT:** Helaba Invest Kapitalanlagegesellschaft mbH
Junghofstraße 24
60311 Frankfurt am Main
Telefon: +49 69 29970–0
E-Mail: info@helaba-invest.de
Internet: www.helaba-invest.de

Eberhard Glöckner ist seit 2012 Abteilungsleiter Client Relationship Management Institutionelle Großkunden Deutschland bei Union Investment. Zuvor war er Direktor Institutionelle Kunden bei F&C Investments und arbeitete bis 2010 bei AGI, zuletzt als Direktor. Seine Karriere begann in der Vermögensberatung der Dresdner Bank. Glöckner studierte BWL an der FH Mainz und ist zertifizierter DVFA Investment Analyst.

Vincent Ehlers arbeitet seit 2019 als Portfoliomanager für Non-Cyclical Industries im Rentenfondsmanagement von Union Investment und betreut Medien- und Reiseunternehmen. Zuvor war er im Team Data Analytics. Ehlers begann seine Karriere als Trainee im Risikocontrolling der Commerzbank und sammelte Erfahrung in einer Managementberatung. Er hat einen Master in Angewandter Mathematik mit Schwerpunkt Finanzmathematik sowie einen Bachelor in Finanz- und Wirtschaftsmathematik.

Christian Naß ist seit März 2015 Portfoliomanager im Rentenfondsmanagement bei Union Investment, zuständig für die Analyse in den Sektoren Tabak, Energie und Grundstoffe. Zuvor war er als Quantitativer Analyst tätig und begann als Trainee im Portfoliomanagement. Naß hat einen Master in Finance mit Schwerpunkt Capital Markets von der Frankfurt School of Finance and Management und ein duales Bachelorstudium in Berlin. Er ist CFA Charterholder und erhielt 2022 das CFA Certificate in ESG Investing.

Union Investment zählt mit einem verwalteten Vermögen von 500 Mrd. Euro – davon 250 Mrd. Euro im institutionellen Bereich – und über 4.400 Mitarbeitenden zu den führenden Asset Managern in Deutschland (Stand: 31.03.2025). Unsere Stärke liegt in der Kombination aus fundamentalem Research und aktivem Portfoliomanagement, was institutionellen Anlegern Mehrwert bietet. Zentrales Element unseres Anlageprozesses ist ein Risikomanagement, das Chancen gezielt steuert.

▶ **KONTAKT:** Union Investment Institutional GmbH
Weißfrauenstraße 7
60311 Frankfurt am Main
Telefon: +49 69 25 67–28 23
E-Mail: eberhard.gloeckner@union-investment.de
Internet: www.institutional.union-investment.de

Hanne Borst ist Managing Director und Head of Retirement Germany/ Austria bei WTW und Mitglied der deutschen Geschäftsleitung. Sie ist Aktuarin (DAV/IVS) und seit 2002 im Bereich der betrieblichen Altersversorgung tätig. Hanne Borst ist Mitglied der Deutschen Aktuarvereinigung (DAV), des Instituts der Versicherungsmathematischen Sachverständigen für Altersversorgung (IVS), des Vorstands der Arbeitsgemeinschaft betriebliche Altersversorgung e.V. (aba) sowie der Leitung der Fachvereinigung Mathematische Sachverständige.

Nikolaus Schmidt-Narischkin ist Mitglied der Geschäftsleitung der Willis Towers Watson Investments GmbH. Als Managing Director berät er Unternehmen und Einrichtungen der betrieblichen Altersversorgung bei der Entwicklung ihrer Anlagestrategien und dem Liability Matching. Als Key Account- und Lead Relationship Director ist er für eine Vielzahl großer, multinationaler Unternehmen zuständig und trägt zur Weiterentwicklung und Vertiefung der Marktpräsenz von WTW bei.

WTW bietet datengesteuerte, evidenzbasierte Lösungen in den Bereichen Mitarbeitende, Risiko und Kapital. Wir nutzen die globale Sichtweise und das lokale Fachwissen unserer Mitarbeitenden in 140 Ländern und Märkten, um Unternehmen dabei zu helfen, ihre Strategie zu schärfen, die Widerstandsfähigkeit ihrer Organisation zu verbessern, ihre Mitarbeitenden zu motivieren und ihre Leistung zu maximieren. In enger Zusammenarbeit mit unseren Kunden decken wir Chancen für nachhaltigen Erfolg auf und bieten Perspektiven, die sie weiterbringen. In der bAV steht WTW als führende Beratung Unternehmen und Organisationen zur Seite, um betriebliche Versorgungssysteme zu gestalten, zu implementieren und zu verwalten. Seit 2025 bietet WTW auch eine Pension-Buyout-Solution an und tritt als Full-Service Anbieter am Markt auf.

▶ **KONTAKT:** WTW
Reiner Jung
Ulmenstraße 30
60325 Frankfurt am Main
Telefon: +49 69 15 05-51 16
E-Mail: reiner.jung@wtwco.com
Internet: www.wtwco.de

Michael Christner verfügt über mehr als 20 Jahre Erfahrung in den Bereichen Kapitalmarkt, M&A und Kapitalmarkttransaktionen von Finanzdienstleistern. Er begann seine Karriere im Investment Banking bei Morgan Stanley in London. Dort lag der Schwerpunkt seiner Tätigkeit in der Beratung von Finanzdienstleistern bei M&A- und Kapitalmarkttransaktionen. Im Jahr 2007 wechselte er zum Private Equity Investor J.C. Flowers, wo er unter anderem für die Analyse und Verhandlung von Investments in Finanzdienstleister verantwortlich war. Im Rahmen seiner Tätigkeit bei J.C. Flowers war Michael Christner auch Mitglied in zahlreichen Aufsichtsräten und entsprechenden Gremien, unter anderem bei der belgischen Versicherung Fidea, der niederländischen NIBC Bank und der HCOB in Deutschland. Er war Aufsichtsratsvorsitzender und später Vorstandsvorsitzender der Vall Banc in Andorra sowie Bereichsleiter bei der HCOB in Hamburg. Seine Tätigkeiten in den regulierten Finanzunternehmen unterlagen der Genehmigung durch die Aufsichtsbehörden der jeweiligen Länder, wie beispielsweise der BaFin, der niederländischen Zentralbank oder der EZB. Michael Christner hat an der Universität zu Köln Wirtschaftsinformatik mit Schwerpunkt Finanzwirtschaft studiert und war Stipendiat der Studienstiftung des deutschen Volkes.

Tilo Kraus verfügt über mehr als 20 Jahre Erfahrung in den Bereichen Corporate Finance, Kapitalmarkt und Risikomanagement. Seine Karriere in der Finanzwelt begann er Ende 1999 parallel zu seinem Studium bei der Münchner Beteiligungsgesellschaft VCM Venture Capital Management. Danach wechselte er in die Londoner Niederlassung der UBS Investment Bank, wo er zuletzt für das Fremdkapital- und Risikomanagementgeschäft mit deutschen, österreichischen und niederländischen Unternehmen verantwortlich war. Im Jahr 2009 wechselte Tilo Kraus im Rahmen der Neupositionierung der IKB Deutsche Industriebank zur Bank und leitete dort den Bereich Financial Markets. Im Anschluss daran war Tilo Kraus ab 2019 als Bereichsvorstand für die Hamburg Commercial Bank tätig und im Rahmen der Transformation der Bank für die Betreuung institutioneller Kunden sowie das Syndizierungs- und Strukturierungsgeschäft verantwortlich. Tilo Kraus ist Diplom-Kaufmann der Universität München, Diplom-Volkswirt der Fernuniversität Hagen und hält einen Master der University of Warwick sowie einen MBA der University of Chicago. Er ist CFA Charterholder.

Christian Petersmann verfügt über mehr als 20 Jahre Erfahrung in den Bereichen M&A, Kapitalmärkte und Investitionen sowie als Unternehmer. Er begann seine Karriere im Investment Banking bei Morgan Stanley, zunächst in London mit Schwerpunkt auf der Beratung von Finanzdienstleistern bei M&A- und Kapitalmarkttransaktionen im Bereich Corporate Finance, später in Sao Paulo, Brasilien. Anschließend war er bei den Investmentmanagern Highbridge/Zwirn und Silverpoint Capital unter anderem. mitverantwortlich für den Aufbau des europäischen und deutschen Investmentgeschäfts. Dies beinhaltete die Identifikation und Analyse von Investitionsmöglichkeiten bzw. deren Umsetzung am Kapitalmarkt. Im Jahr 2007 gründete er gemeinsam mit Konstantin Stoyanov das Multi-Family Office Crown Ocean Capital, aus dem schließlich die VEDRA Gruppe hervorging. Christian Petersmann studierte Betriebswirtschaftslehre an der Universität zu Köln und wurde als Jahrgangsbester mit dem Heinz-Kaut-Preis ausgezeichnet. Während seines Studiums verbrachte er ein Jahr als Fulbright-Stipendiat an der University of Miami, wo er einen MBA erwarb.

VEDRA Pensions GmbH ist eine deutsche Holdinggesellschaft, die sich als Risikoträger auf die Übernahme und das Management von Pensionsverpflichtungen („Pension Buy-outs") spezialisiert hat. Seit ihrer Gründung im Jahr 2016 hat sich VEDRA im deutschen Markt bewährt, wenn es darum geht, Unternehmen einen finalen Transfer von Risiken im Zusammenhang mit Pensionsverpflichtungen zu ermöglichen: Inflation, Langlebigkeit, Zinsänderungsrisiko und Marktrisiko. Mit dem VEDRA-Modell wird eine vollständige wirtschaftliche und rechtliche Enthaftung des Unternehmens erreicht, verbunden mit einer Ausbuchung der Verpflichtungen aus der Bilanz. Für die anspruchsberechtigten Rentner hat dies den Vorteil einer Kapitaldeckung der Verpflichtung unter dem Dach eines Spezialisten. Derzeit betreut VEDRA bereits mehrere tausend Berechtigte.

▶ **KONTAKT:** VEDRA Pensions GmbH
Steubstrasse 1
82166 Gräfelfing
E-Mail: m.christner@vedra-pensions.com
t.kraus@vedra-pensions.com
c.petersmann@vedra-pensions.com
info@vedra-pensions.com
Internet : www.vedra-group.com